中国社区型银行改革发展研究

唐士奇　编著

中国金融出版社

责任编辑：方　晓
责任校对：张志文
责任印制：陈晓川

图书在版编目（CIP）数据

中国社区型银行改革发展研究（Zhongguo Shequxing Yinhang Gaige Fazhan Yanjiu）/唐士奇编著．—北京：中国金融出版社，2016. 12
　ISBN 978 - 7 - 5049 - 8789 - 1

　Ⅰ. ①中… 　Ⅱ. ①唐… 　Ⅲ. ①社区—银行改革—研究—中国
Ⅳ. ①F832. 1

　中国版本图书馆 CIP 数据核字（2016）第 271363 号

出版
发行　**中国金融出版社**

社址　北京市丰台区益泽路 2 号
市场开发部　（010）63266347，63805472，63439533（传真）
网 上 书 店　http://www.chinafph.com
　　　　　　（010）63286832，63365686（传真）
读者服务部　（010）66070833，62568380
邮编　100071
经销　新华书店
印刷　北京市松源印刷有限公司
尺寸　169 毫米×239 毫米
印张　10. 75
字数　189 千
版次　2016 年 12 月第 1 版
印次　2016 年 12 月第 1 次印刷
定价　36. 00 元
ISBN 978 - 7 - 5049 - 8789 - 1
如出现印装错误本社负责调换　联系电话（010）63263947

序

社区银行作为普惠金融的重要载体之一，已经在我国产生 10 余年了，但发展仍然缓慢。社区银行还没有成为我国多层次、全覆盖金融服务体系的主力军之一。在中国经济社会步入了新常态的今天，我们如何审视过去、前瞻未来，如何创新社区银行发展理论，如何创新新常态下的中国社区银行发展新模式，如何走出一条具有中国特色的社区银行发展之路，是我国金融理论与实践创新发展的一项现实课题。在此背景下，本书系统地梳理了国内外迄今为止关于社区银行理论与实践的研究成果，提出了笔者对这些研究成果的评价与看法，结合我国新常态下的空间环境，提出了一个初步的中国社区银行理论与实践研究的框架体系。这是本书的最大特点和核心价值。

本书对我国社区型银行创新发展路径研究的框架体系包括以下八个部分，其逻辑思路是：

第 1 章：引言。本章首先介绍了国内外社区银行的定义。笔者结合我国的实际情况，提出了对社区银行的新见解、新定义。然后，归纳了社区银行的基本特征、比较优势和比较劣势。

第 2 章：文献综述。本章分别从国内外两个方面介绍了社区银行理论研究的现状，特别指出了我国社区银行理论研究的缺陷和空白。

第 3 章：基础理论。本章着重选择了与社区银行密切相关的几个重要的基础理论予以回顾，为以后各章的展开铺垫基础。这些基础理论包括金融机构理论、金融共生理论、金融包容性理论、普惠金融理论、信息经济理论和关系型贷款理论。

第 4 章：发展现状。本章从我国社区银行的发展现状、问题困难和挑战机遇三个方面进行了写实性阐述。

第 5 章：比较分析。本章着重选择了美国社区银行（尤其是富国银行）与中国社区银行进行比较，分别从社区银行的含义界定、功能作用、压力挑战、市场定位、营销策略、风险管理、核心业务和法规环境 8 个方面进行比较分析，总结了从美国社区银行发展得到的 5 个方面的启示。

第 6 章：模式创新。本章以我国社区银行典型代表之一的村镇银行为例，着重从发展理念、构建特征和创新重点三大方面进行了论述。其中，发展理念，以"创新、协调、绿色、开放、共享"发展新理念为指引；构建特征，以多层次、差异化、内涵式为特色；创新重点，以公司自立结构和新兴金融业务为主要抓手。在这两个抓手方面，又分别从村镇银行、城市商业银行、农村信用社三个角度进行了讨论。

第7章：差异化管理。第一，本章指出了现行监管对商业银行的正负面影响；第二，提出了重塑普惠监管的新观点；第三，探讨了对社区银行差异化管理的框架设计，侧重在市场准入治理结构、业务范围、审慎型监管4个方面；第四，差异化监管的具体方式；第五，社区型银行的退出监管。

第8章：案例评析。本书选取了3个社区银行典型案例进行评析，分别归纳总结了3个案例的借鉴之处，即社区银行只有坚守自己服务"三农"的定位，才能够可持续发展；社区银行只有针对民生需求不断创新，才能够在激烈的市场竞争中立于不败之地；社区银行只有始终不渝地实施差异化战略，才能走出一条适合自我的发展之路。

在撰写本书过程中，笔者查阅了大量的资料文献，受到了很多宝贵的启发。有些地方直接引述了他人的观点和论述，如分别参照和引述了依长军、闫海州、殷孟波、吕晔、刘菁、赵革、陈一洪、欧阳卫民、李可佳等的研究观点和论述；在其他章节，笔者也有其他引述。凡是在正文中对他人研究有参考、有引述、有摘要的某章、某节、某段、某句，笔者都标明了出处：不仅在全文末尾的参考文献里一一列出，而且同时在当页均有插入说明和当页脚注。在此，笔者予以特别说明。

本书在前期调研和中后期写作过程中，得到了许多金融界的专家、学者与朋友的支持。感谢中国人民银行研究局陆磊局长、中国人民银行成都分行罗望处长、中国人民银行广州分行张铁强处长、珠海市金融工作局董洪山局长、横琴金融服务局池腾辉副局长、横琴金融投资有限公司赵国沛总经理、横琴金融服务中心综合部唐科贝副部长、中国恒天财富珠海分公司林春城总经理、横琴村镇银行樊洪州行长等的指导和支持；感谢王洪波以及赵永升、訾东方、陈创建、罗耀、戴逸夫、战奕含、赵可心、刘俊廷、张纯孝、赵毅轩等同学在资料收集整理、文稿打印校对等方面所付出的辛勤劳动；感谢其他一切为之付出努力的朋友们！

北京师范大学珠海分校金融研究所

所长：

2016 年 10 月 6 日于珠海

目　录

第1章

引　言

当前，我国进入了一个全面改革与创新的时代，这是因为我国已经进入了社会经济发展的"新常态"。所谓新常态，是指不同于以往、现有存在的一种趋势性的、不可逆转性的发展新状态；所谓中国经济发展新常态，就是指改革开放三十多年后的今天，中国经济步入了又一个崭新的时期，出现了中国特有的经济新常态。关于其基本特点，国家主席习近平2014年11月9日在亚太经合组织（APEC）工商领导人峰会上题为《谋求持久发展　共筑亚太梦想》的主旨演讲中做了精辟的阐述。他指出："中国经济呈现出新常态，有几个主要特点。一是从高速增长转为中高速增长。二是经济结构不断优化升级，第三产业、消费需求逐步成为主体，城乡区域差距逐步缩小，居民收入占比上升，发展成果惠及更广大民众。三是从要素驱动、投资驱动转向创新驱动"。换言之，中国经济发展新常态的主要特点可以描述为：发展速度→中高速平稳增长；发展结构→经济结构优化升级，走内涵式之路；发展动力→创新驱动。创新是新引擎，改革是点火器。

如果进一步细化，中国经济新常态就是发展出现了九大变化。2014年12月9—11日中央经济工作会议指出了这九大变化是：

（1）模仿型排浪式消费阶段基本结束，个性化、多样化消费渐成主流；

（2）基础设施互联互通和一些新技术、新产品、新业态、新商业模式的投资机会大量涌现；

（3）高水平引进来、大规模走出去同步发生，低成本比较优势发生了变化；

（4）新兴产业、服务业、小微企业作用更加凸显，生产小型化、智能化、专业化将成为产业组织新特征；

（5）人口老龄化日趋明显，农业富余人口减少，要素规模驱动力减弱，

经济增长将更多依靠人力资本质量和技术进步;

（6）市场竞争逐步转向质量型、差异化为主的竞争;

（7）环境承载能力已达到或接近上限,必须推动形成绿色低碳循环发展新方式;

（8）经济风险总体可控,但化解以高杠杆和泡沫化为主要特征的各类风险将持续一段时期;

（9）既要全面化解产能过剩,也要通过发挥市场机制作用探索未来产业发展方向。

发展社区型银行,就是要在主动适应和引领经济发展新常态中创新发展自我。一方面要主动适应新常态,即主动掌握和利用新常态下社区型银行发展的新环境;另一方面要主动引领新常态,即以改革和创新的思路去探索社区型银行发展的新路径、新模式。本书研究的立意,就是探讨我国社区型银行创新发展的新路径。

1.1　社区银行的新定义

1.1.1　国外对社区银行的定义

美国独立社区银行家协会（Independent Community Bankers of America，ICBA）认为,社区银行是在特定地区组建并独立运行,主要为当地小企业和个人客户提供个性化金融服务,并与这些客户保持长期业务合作往来的小银行,这些小银行资产介于 200 万美元到数十亿美元之间。美国联邦存款保险公司（Federal Deposit Insurance Corporation）也以资产规模作为划分标准,将资产小于 10 亿美元的银行、控股公司和储蓄机构划定为社区型银行。W. Keeton（2003）则指出这种界定方法存在一定的弊端,有些银行资产小于 10 亿美元,但其业务的开展已超出所在社区;有些银行虽然在所在社区开展业务,但其资产超过 10 亿美元。Scott E. Hein（2005）指出,社区型银行一般都不是全国性经营,而是经营范围集中于当地社区,资产规模小于 10 亿美元的小银行。Allen N. Berger 等（2003）认为,因为发达国家和发展中国家经济发展水平存在差异,因此发达国家一般将社区型银行界定为资产在 10 亿美元以下,而发展中国家则应将此标准界定为 1 亿美元以下。R. DeYoung 等（2004）认为,资产规模的大小只是区分是否为社区型银行的标准之一,不能单纯以其作为衡量标准来划分，社区型银行的判断标准应该有五项，分别为：（1）银行资产规模在 10 亿美元以下；（2）存款中至少有 50% 来自其在某一区域内银行分支机构；（3）参加银行为本国所拥有；（4）提供包括信贷组合、金融交易服务和被保险存款在内的相关服务；（5）是一家独立的银行，或者是银行控股公司中的唯一一家银行，或者是商业银行控股的全资附属机构。

1.1.2　国内对社区银行的定义

巴曙松（2002）指出，所谓社区银行是指在一定区域范围内，自主依照市场化原则设立、依照市场化原则独立运营、主要为社区内小企业和个人客户服务的小银行。晏露蓉等（2003）认为，凡是资产规模相对较小、主要服务于所经营的区域内小企业和个人的地方性小型商业银行都可称为社区型银行。成思危（2004）提出，社区型银行实质上是一种民营银行，就是为社区里的小企业和居民服务的银行。这些社区型银行通过集中民间闲散资本，向小企业和个人提供融资服务。王爱俭（2005）认为，凡是资产规模相对较小、主要服务于所经营的区域内小企业和个人的地方性小型商业银行都可称为社区银行。康卫华（2005）将社区银行定义为，从当地居民和小企业客户吸收存款，并向他们提供融资交易服务的金融性机构。钱水土等（2006）认为，社区银行就是以居民社区为依托，在城乡一定的人群范围内，按照市场化原则设立、运作并为当地居民或小微企业提供方便快捷、成本较低、个性化较强的金融服务的小型银行类金融机构。

1.1.3　本书对社区银行的新定义

笔者认为，对社区银行的理解应从以下三点着手：（1）资产规模。社区银行的资产不能简单以一个数字进行界定，而应该根据当时、当地的社会经济总量和银行业实际规模进行划分。（2）服务区域。社区银行的服务区域是一个特定的区域，这个区域有的较小、有的则较大，不能简单以行政区域来划分。（3）经营独立。社区银行的经营管理要自主，产权关系要明晰、经营方式要灵活。综上，笔者认为，社区银行是指资产规模一定、服务区域一定、服务对象一定的主要为中小微企业和个人提供服务的独立经营的金融机构。

在我国，社区银行存在的形态有五种：一是现存的社区银行，如村镇银行等；二是延伸的社区银行，如国有商业银行和股份制商业银行延伸到住宅小区的轻型网点；三是改制而来的社区银行，如从城市信用社、农村信用社改制后形成的城市商业银行、农村商业银行；四是重组而来的社区银行，如由小额贷款公司、金融租赁公司、基金投资公司等重组后产生的；五是直接成立的社区银行，如民间资本、混合资本等直接组建的社区银行。以上五种形态都具有社区银行的共同特征，或者说将这五种社区银行在我国称为"社区型银行"更为合适。本书以下各章在提及我国社区银行时均以"社区型银行"进行表述。

1.2　社区型银行的特征[①]

1.2.1　经营资本多元化

社区型银行对资本多元化持开放态度，它区别于国有商业银行由国家持股的主导地位状况。它有效打破了银行资本过于垄断的尴尬现状。社区居民和中小微企业组织是社区银行主要的客户来源。从资本金的来源来看，它既可以是法人独立投资，也可以是自然人联合投资；它既可以是企业法人投资，也可以是事业法人投资；它既可以是国有股权投资，也可以是民营私人资本投资。经营资本的多渠道化，为社区银行完善法人治理结构，拓宽监管执行渠道，提升透明度奠定了基础。

1.2.2　资金运用区域化

社区居民和中小微企业也是社区银行的主要储蓄资金来源，吸收的资金又反哺社区居民、农村村民和中小微企业。由于单一的组织形式和服务社区的主旨要求，以及比较单一的资金运用模式，社区型银行首先需要考虑的是该区的经济发展诉求和客户的金融服务。这与大型商业银行有着较大的区别，大型商业银行往往会从多个地区来吸收存款，然后投向银行认为营收回报最高的地区和企业。

1.2.3　市场定位平民化

大型企业和高端用户是大型商业银行的市场定位，而社区型银行作为金融市场机构的重要组成部分，能够对金融服务的盲区提供拾遗补阙的帮助。社区型银行就是基于此基点来将自己的市场定位于满足处于金融消费弱势群体，为其提供专项而琐碎的金融服务，如小额贷款、消费信贷和投资理财等，以及衍

---

① 任露. 我国社区型银行发展的路径研究［D］. 云南财经大学，2014.

生的附加值服务。

1.2.4 经营方式多样化

因为社区型银行植根于社区，因而有条件、有机会对本地社区的实际情况了解得十分透彻、客观。社区型银行可以通过多样渠道来收集目标客户的综合信息，而这些真实性较高的信息有助于贷款风险的评估，同时有助于客户较快得到社区型银行的金融服务，而减少像大银行那样过于苛求抵押、质押、保证等条件所带来的烦恼。此外，因为社区型银行能够比较深入地下沉到当地的客户市场，能够有效利用关系营销等方式，充分挖掘本地客户的潜在需求，并迅速地推出量身定制的多样化服务。

1.2.5 组织结构扁平化

社区型银行组织构架的设计基于自身所服务的社区及其周边，一般在社区范围内设立若干个营业网点，总部可以直接指挥和检查基层，无须设置繁冗的、层层叠加的管理审批机构。这种扁平化的组织结构，是基于社区型银行的关系型融资模式，它能够简化银行管理层的决策流程，提高基层执行速度，从而提升社区型银行的综合运营效率。

1.3 社区型银行的比较优势①

1.3.1 自身定位的优势

社区银行，顾名思义，就是植根于社区，为社区居民、农村村民和中小微企业提供综合全面金融服务的商业银行。社区银行在夹缝中谋生存，在竞争中求发展，有效地规避了与大型银行在市场定位中的冲突。在广袤的金融服务市场中"拾遗补阙"，从无到有，从小到大，逐步培养起独特的目标客户群体。社区型银行能够通过差异化定位和错位竞争战略来明确自身市场价值，进而有效把握市场机会，即把目标客户群体定位在享受金融消费的弱势群体，对其进行专项服务，构建社区"金融便利店"等，为客户提供贴身服务，从而取代或填补其他大银行无暇顾及或不屑一顾的服务领域。大银行鞭长莫及或不屑一

---

① 姚朝霞．小微企业融资视角下我国社区型银行构建研究［D］．山西财经大学，2014．

顾的地方，恰恰是社区型银行业务开拓的新领域。这种与大银行错位竞争、补缺发展的战略定位，就是社区型银行的定位优势，就是它们能够在激烈的市场竞争当中分得一杯羹的主要原因。

1.3.2　发展地域的优势

首先，社区银行作为当地的本土化银行，资金主要来自本地的中小微企业、社区居民和农村村民，而资金运用又主要用于发展当地的经济。它不像大型商业银行那样在吸收了本地资金以后，往往以收益回报为导向，把资金综合运用到它们认为是重点的有关行业与地区。其次，由于社区型银行把当地的中小微企业、社区居民和农村村民作为主要服务对象，与当地具有天然而成的合作关系，当地政府也往往把社区型银行视为社区中的一个成员单位。再次，从地理金融学的角度来说，空间距离的大小直接决定了信息收集成本的高低，较近的空间距离便于银行对借款客户信息尤其是"软信息"的收集与获取。社区银行能够把借款人的"软信息"当做贷款审批的重要参考要素。社区银行在与客户长期的近距离接触沟通过程中构建了互信互利的商事关系，能够用较低的成本去获取客户比较琐碎、但比较真实的私人信息。这种源于地域上的优势能够提升社区型银行把握客户信息上的准确性和可靠性。这不仅能够降低社区型银行的信息成本和交易成本，而且能够更好地把控和化解经营风险。

1.3.3　集中经营优势

为所在区域的中小微企业、社区居民和农村村民提供金融服务是社区型银行的根本职责之所在，因而它会想方设法克服资金规模的限制，集中资金和精力"打歼灭战"，通过产品的有机组合，将有限的资源集中到特定的服务对象和专门的项目中去。这种聚焦运营的优势，从信息的获取、分析到最终的利用，不仅显现出社区型银行对资金的运营与管理具有独特的效果，还能提升社区型银行在激烈竞争环境当中的适应能力和创新能力。

1.3.4　灵活高效优势

从企业的成长规律来看，大多数的中小微企业在成长初期并不具备大银行所一贯要求的"硬信息"指标，例如企业信用记录、综合财务数据和抵押物价值等综合条件。而社区型银行一旦与目标客户群体构建起了紧密联系以后，就不会死死地圉于"硬信息"当中，而是充分利用平时掌握在手的"软信息"做出迅速判断，继而根据实际情况来做出更加高效灵活的贷款决策。同时，由于社区型银行的组织构架的扁平化，其审批贷款过程较为简明，办事比较灵活快捷。

1.4 社区型银行的比较劣势

1.4.1 盈利能力不是最佳

社区型银行盈利能力受银行规模制约。经济发展较好地区的银行，其盈利能力高于经济落后地区。经济落后地区经济结构单一导致金融需求相对较少。社区型银行在开拓新客户、新增存款方面能力较弱，效益不是最佳。任露（2014）认为它的盈利能力与规模正相关，规模小的社区型银行，很难实现"最小有效规模"，不能很好地平衡成本和效益。研究发现，大型社区型银行（3亿~10亿美元）的总资产收益率高于中型社区型银行（1亿~3亿美元），中型社区型银行的总资产收益率又高于小型社区型银行（小于1亿美元）。目前大规模的社区型银行盈利能力还较为稳定，可以维持在较高水平。但是，整体来看，我国社区型银行目前还没有形成规模效应，盈利能力还比较薄弱。为数不少的社区型银行仍然以小型自助银行或者小区金融便利店形式存在。这样，必然导致其在有限的需求市场上拓展新型业务渠道和发掘潜在客户的相对成本较高，锁定优质客户的能力有限，一些大宗业务开展难，收益小。

1.4.2 风险抵御能力不是最强

资本充足率是国际商业银行控制风险最主要的考核标准。我国大型银行，尤其是国有大型银行，有国家隐性信用作为后盾，当资本金不足时，可以享受通过发行长期次级债、债转股权等主动方式来补充资本金的优惠政策；而社区型银行则享受不到，它只能通过增资扩股、留存收益等被动方式来补充。在处置不良资产上，我国的四大资产管理公司只收购国有独资银行产生的不良资产，并不"庇护"社区型银行；而经济波动必然会冲击社区型银行，甚至导致破产倒闭。在我国，由于目前征信系统的不完备，又导致公众对社区型银行的信任度不高，直接影响了它的筹资能力，从而影响它的资金自我平衡能力。尤其在农村，信用体系建设起步较晚，农村部分个人、企业信用信息没有纳入统一征信管理体系，从而弱化了农村社区型银行的风险抵御能力。所以，任露（2014）认为，我国社区型银行的风险抵御能力不是很强。

第 2 章
社区银行研究现状：成果与空白

2.1　国外研究成果

2.1.1　关于社区银行与经济、金融的关系

Peterson 和 Raghuram（1994）认为，社区银行对一国经济的发展有大银行不可替代的作用。一方面社区银行始终以社区居民金融需求为己任，以中小企业生存、发展为目标，拾遗补阙，承上启下，为社区的繁荣、地方经济的振兴作出了积极的贡献；另一方面，社区银行在促进区域经济平衡发展方面发挥了关键的作用，在农村地区更是具有举足轻重的地位。

2.1.2　关于社区银行与大银行的区别

DeYoung 和 Duffy（2002）认为，社区银行善于与客户进行互动和沟通，在与客户的关系上更为融洽。Berger 和 Udell（2002）从关系贷款方面进行了两类区别论述，认为关系贷款不同于大银行常用的财务报表贷款、抵押担保贷款以及信用评分技术，而是一种具有明显人格化特征、与中小企业特点紧密相连的贷款技术，使得中小企业与社区银行之间形成了紧密的、长期的并且相对封闭的关系型借贷关系。Keeton、Harvey 和 Willis（2003）的研究发现，社区银行更能够获得大量稳定的核心存款；美联储（Federal Reserve Board，2003）提出，小银行收取的服务费用比大银行低。Brickley、Linck 和 Smith（2003）在股权结构方面认为小银行的股权比大银行要更为集中。Robert DeYoung 等（2004）的研究数据还表明，社区银行在市场营销宣传方面的比重比大银行低

很多，它更多的是采用地方媒体的宣传和口头交流的方式。

2.1.3 关于社区银行的比较优势

1. 关系型贷款与软信息

Berlin 和 Mester（1998）对"关系型贷款"进行了如下界定，即"建立全面、细致的银企关系，利用银行和企业之间的长期合作关系，以最大程度地减少中小企业借贷风险的一种贷款协议。"而在关系型贷款中，银行通过长期与企业及其所有者、与企业的供货商及客户、与企业所在的社区等在各个维度上的接触来积累关于企业的信息。基于此类关系的信息中相当一部分属于软信息（Soft information），就是难以被量化、被查证和传递的客户信息。

Berger 和 Udell（2002）将银行对企业的贷款技术概括为 4 种主要的类型：财务报表型贷款、资产保证型贷款、信用评分（Credit scoring）和关系型贷款（Relationship lending）。前 3 种贷款技术通常被称为交易型贷款（Transactions lending），因为贷款的决定是基于贷款发起时就比较容易得到的、可数量化和可查证的硬信息（Hard information）。而软信息可产生超过企业财务报表、担保品和信用分数等的显著价值，从而有助于促进关系型贷款的发放者更好地解决借款人的信息不透明问题（Baas 和 Schrooten，2005；Berger 和 Udell，2000，2002）。对小企业来说，与金融机构有着较强的关系将带来较低的贷款利率（Harhoff 和 Korting，1998；Degryse 和 Cayseele，2000；Scott 和 Dunkelberg，1999）、较少的担保品要求（如 Berger 和 Udell，1995；Harhoff 和 Korting，1998；Scott 和 Dunkelberg，1999）、较低的对商业信用的依赖（Petersen 和 Rajan，1994，1995），并改善小企业的贷款可得性（Elsas 和 Kranen，1998；Scott 和 Dunkelberg，1999；Machauer 和 Weber，2000）。

2. 关系型贷款的比较优势

Berger 和 Udell（1998）认为，由于大银行的组织机构庞大，因此在收集和处理公开信息以及运用标准化的贷款合约向信息透明度高的大企业发放贷款上拥有优势，而小规模的社区银行由于其地域性和社区性特征，它们可通过长期与中小企业保持密切的近距离接触来获得各种软信息，因而在向信息不透明的中小企业发放关系型贷款上拥有优势。Hauswald 和 Marquez（2002）指出，总体来说，大银行坐落在较为远离潜在关系型中小企业借款人的位置，从而使得其处理基于某一地方的软信息变得困难。他们的理论模型论证了关系型贷款将随信息距离（Informational distance）或生产关于借款人的特定信息的成本的提高而缩减，而上述成本一般与物理距离相关。

J. Stein（2002）从激励机制的角度剖析了不同的银行组织形式在生产信息和有效分配资金方面的能力，揭示了小型银行对以基于软信息为特征的小企业关系型贷款的适应性。Berger等人则从关系型贷款独特的贷款处理程序及代理问题的存在入手进而论证了大银行之所以难以实施与关系型贷款相适应的内部权力配置结构的基本原因。在关系型贷款中，最重要的关系应存在于基层信贷经理与企业之间，基层信贷经理是软信息的主要"贮藏所"。然而，软信息大多是关于特定对象的专有信息（Proprietary information），这些信息由于具有模糊性和人格化特征，很难在组织结构复杂的大银行内部传递。鉴于此，在关系型贷款过程中较多的贷款决策权必须委派给掌握着这些软信息的基层信贷经理，但这样一来又会加剧基层信贷经理和银行管理层之间的代理问题，因为两者可能有着不同的激励。结构复杂的大银行由于委托代理链条长，解决代理问题的成本就会较高。而小型的独立社区银行则因管理层次少、结构集约，从而可减轻代理问题（Berger，Klapper和Udell，2001；Berger和Udell，2002）。

关于大银行不愿从事对小企业关系型贷款的原因，有观点认为其缘自大银行在对大企业客户提供批发业务的同时也开展对小企业的零售业务，可能会引致组织不经济（Organizational diseconomies）。换句话说，某一金融机构若从事多项业务品种，而这些业务品种又要求采用不同的技术，可能会造成范围不经济问题（Berger，Demsetz和Strahan，1999）。

3. 关系型贷款比较优势的实证研究

Berger，Kashyap和Scalise，1995；Berger，Saunders，Scalise和Udell，1998；Peek和Rosengren，1998；Strahan和Wester，1998；Zardkoohi和Koari，1997等人的研究认为，大银行资产中用于对小企业贷款的比重远低于小银行，同时并购发生后所产生的规模增大、组织复杂度提高了的大银行一般会出现对小企业贷款占其总资产的比率趋于下降，尤其在并购案包含大银行的场合，而小企业显然是属于经常存在信息不透明问题从而需要依赖关系型贷款来满足的借款人。

Berger和Udell（1996）考察了大银行和社区银行在贷款行为上的差异。他们利用主要取自美联储关于银行对企业贷款条件的调查的有关数据，验证了关系型贷款对小企业贷款可得性的作用问题上的若干假设。他们的实证结果支持以下假设：大银行对小型的关系型借款人提供相对较少的贷款，而对小型的比率型借款人（Ratio borrower）的贷款并未减少。所谓比率型借款人是指银行对借款人是否授信的决定通过审查借款人的财务比率即可做出的这样一类借款企业。同时，大银行所发放的小企业贷款较之于社区银行有着更低的利率和较少的担保品要求。这表明大银行主要从事对其中一部分相对安全的小企业的交易型贷款。

Berger，Miller 和 Petersen 等人（2002）研究发现，社区银行比大银行更善于处理软信息并据此发放贷款，而大银行对无正规财务记录、信息不透明的企业较不愿意提供信贷，大银行与借款人之间的交往更多地具有非人性化特征。Cole 等人（2004）也得到了与上述 Berger 等人（2002）相一致的结论。

Haynes 等人（1999）发现，大银行所发放的小企业贷款大多是提供给其中规模相对较大、生存年限较长、财务上较安全的小企业，而这部分小企业是较可能得到交易型贷款，尤其是财务报表型贷款的。Haynes 等人的此项实证研究还考察了银行规模对小企业使用 4 项传统的债务工具（即信用额度、抵押贷款、车辆贷款和设备贷款）的影响。结果显示，在上述 4 项传统债务工具中，规模较小的小企业尤其难以从大银行获取的是信用额度贷款。显然，后三类债务工具属资产支持型的贷款，而信用额度贷款为非资产支持型的贷款，它要求贷款人获知较多的关于借款人的信息。

2.1.4　关于社区银行的经营效益

Basset 等人（2001）对银行业资产负债表研究发现，在 1985 年至 2000 年，美国社区银行存贷款的增长速度总体上超过了大银行。Deyoung 等人（2004）通过计算夏普比率发现，规模在 1 亿美元至 10 亿美元的社区银行股本收益率比大型银行高。Federal Reserve Bank of Kansas City（2003）的研究报告显示，社区银行在经济衰退或者坏账攀升时的平均总资产回报率高于大银行。

2.1.5　关于社区银行面临的挑战

1. 由于信息技术进步

Ongerna 和 Smith（2000）认为，当下的金融交易大多是通过自动化的、匿名的市场方式进行，几乎不需要银企关系的创建，因而对银企关系的价值表示怀疑。Petersen 和 Rajah（2002）分析了信息技术对美国银行实施小企业贷款的影响，认为小企业和银行之间的物理距离之所以有了显著改善，主要在于信息和通讯技术的发展及应用。信息和通讯技术的进步使专业化的信息中介（infomediaries）能够大量地采集、存储和加工企业的众多信息，并迅速、及时、高效地进行传递，使银行拥有更多的关于小企业的硬信息，有利于为远距离的小企业提供贷款。Deyoung、Hunter 和 Udell（2002）、Kallberg 和 Udell（2003）认为，信用评分模型和在线贷款申请方便外地银行搜集小企业信息，并通过企业贷款证券化的方式提高小企业贷款的商品化程度，有利于发挥大型银行规模经济特性和成本优势。一些学者用信息鸿沟概念分析了信息化和网络银行对农村小型金融机构的影响。有学者认为，小型金融机构因业务相对封闭，具有较好的资金保全和资本安全性。也有的学者认为，扁平结构的网络平台，大部分软件信息可通过图片、录像、电子监控等方法"标准化"，使社会评估和信用管理部门能够对无信用、无抵押品的项目进行迅速评估，能够使人们进行直接的网络面对面交流，有利于大银行提供个性化服务。大小金融机构之间的信息鸿沟可使农村小型金融机构发挥后发优势：农村小型金融机构作为跟随者可以把更多的业务"搬"到网上，"复制"大银行的制度和工具，投资少、见效快；网络银行突破了资产规模、机构网点的限制，为小金融提供了相同的竞争平台。DeYoung、Hunter 和 Udell（2002，2004）（DHU）认为，放松金融管制和信息技术的发展不能改变全球化的大银行与地方性的小银行共存的现实。他们以银行规模、单位成本及产品差异化程度这三个变量为基础构建了策略图（Strategic maps）理论，认为管制的放松和新金融技术的出现使大银行改变零售业务的策略，提供大量的、低成本的和非个性化的金融商品。Carter、McNulty 和 Verbrugge（2005）（CMV）提出了与 DHU 的"二元分叉式发展"命题相一致的结论，认为管制的放松和技术的进步推动了贷款市场的利率下降，提高了大银行在小企业贷款上的绩效，扩大了大银行的市场份额。

2. 由于金融市场竞争加剧

Jayaratne 和 Wolken（1999）根据 1993 年美国小企业贷款数据对"小银行优势论"提出了异议，认为某一地区小银行的数量与该地区小企业贷款约束状况在短期内有某种联系，但在长时期内并没有相关性。Evanoff 和 Ors（2001）认为，20 世纪 90 年代以来，美国放松了对金融行业的地理管制，打破了社区银行在地方市场上的垄断优势，使社区银行不得不与外地市场的银行进行高度的竞争。DeYoung 和 Duffy（2002）认为，美国放松了对金融行业的业务管制，使以利息为主要收入的社区银行面临像"金融超市"一样的大银行竞争，能否继续盈利成为决定社区银行业的一个重要问题。对于社区银行数量的减少，一些人认为是社区银行业务模式正在失去自生能力（Viability），更多的人认为是金融管制放松把那些低效率的和管理不善的社区银行剔除的结果，最终高效运行的社区银行将获得兴盛。M. Olson（2003）认为，应该把新设资本的流入量而不是银行数量的变化作为反映社区银行生存价值的衡量指标，因为设立社区银行的关键条件是要具备吸收稳定存款与识别有利贷款机会的能力。T. Hoenig（2003）认为，因为社会上经常出现具有价值的投资项目，这必然使毫无信用记录的新生小企业不断出现，社区银行即便在信息技术进步的情况下也能提供对这类企业的关系型信贷服务。Rebecca S. Demsetz 和 Strahan（1997）认为，合并后的银行通过扩大业务范围和资产多样化，降低该银行的风险水平，提升盈利水平。通过拓展银行的业务地理区域，使银行资产向少数大银行集中。Basset 和 Brady（2001）认为，来自"并行的银行体系"（Parallel banking system）的竞争削弱了社区银行的竞争地位。DeYoung、Hunter 和 Udell（2002）认为，共同基金、在线经纪账户等新型的储蓄与投资工具增加了核心存款（Core deposits）的稀缺性。Berger、Bonime、Goldberg 和 White（2004）认为银行并购与新设银行具有内在联系，小企业难以适应并购后的大银行的信贷程序，存在建立新银行的需求和机会。在金融机构发展战略与环境因素、集团资源能力存量的关系上，Holland 和 Westwood（2001）提出了"银行规模与经营战略之关系"的理论模式，概括了银行业变化的动力源与变化方向之间的联系。总资产额在 400 亿美元之内的"专注型"（Focus）银行以专业化和精品化为主要特色，以高度专注于特定的市场为经营战略。总资产额在 3 500 亿美元之上的"大型"（Juggernaut）银行，以交叉销售为经营战略，够资格的银行随着竞争加剧将减少。总资产额介于 400 亿美元与 3 500 亿美元之间的"死亡之谷"（Death Valley）银行要么走向大型银行之路，要么继续走向更加精专银行的方向。

3. 由于社区银行自身素质

R. Collender 认为，农业生产的脆弱性和季节性使农村小型金融机构业务结构相对单一、业务拓展困难、资金组合质量不高，也使农村小型金融不得不留出更高的储备金，从而影响了其盈利能力。D. Fetting 分析了 1970 年以来美国大平原地区农村人口绝对数量下降和法人数目减少的情况，认为农村地区的人口减少导致金融需求越来越单一，农村金融机构的业务量和业务手段也受到限制，被迫关停，中小企业也随之迁出农村。R. Collender 认为，外部资金流入农村，一方面可以增加农村小型金融的业务能力，降低农村金融市场的利率水平，改善存贷款结构，弥补农村金融的季节性限制，更新业务知识；另一方面会带来大规模的银行并购，埋下资不抵债的隐患，或引起组织治理和科层结构的增加，疏远与农户之间的亲密关系。另外，由于农村本来的市场容量有限，外来资金只能有限地提高农村的资金利用率。

C. L. Colvin 认为，大量农村金融机构倒闭的原因在于高层管理的非竞争性。在管理层缺乏足够的增效动力和外部监管缺位或者失位的情况下，农村金融机构的管理者不能有效地应对外界刺激。W. Keeton 研究的"关系型金融服务"和 Banerjee 的"共同监督"机制都表明，农村小型金融机构在使用个性化"软信息"和进行内部治理方面，都不像大商业银行那样信息透明和非人格化处理，外部资本不能低成本取得其"人情"背后的数据，也无法通过股东大会和监事会对其制约，易产生缺位和失位现象。Banerjee 运用"长期互动"和"共同监督"的假设分析了农村信用合作社，认为信用合作社是有效解决农村小型金融机构内部治理问题的有效形式，合作社根据"自助、民主、平等、公平和团结"的原则，使内部成员在长期互动中重复博弈、相互监督，降低了信贷的信息不对称程度。

2.2　国内研究成果

2.2.1　关于社区银行的定义

巴曙松（2002）、钟伟（2004）认为，社区银行是指在一定地区的社区范围内按照市场化原则自主设立、独立运营、主要服务于中小企业和个人客户的中小银行。成思危（2004）认为，社区银行是通过集中民间闲散资本，向社区里的中小企业和个人提供融资服务的银行。应宜逊、李国文（2005）认为，社区银行在我国应定义为"县域商业银行"。钟伟（2013）认为，社区银行实质上是一种民营银行，是为社区里的中小企业服务的银行。

赵玉珍（2013）则认为，社区并不是一个严格界定的地理概念，既可以指一个州、一个市或一个县，也可以是城市或乡村居民的聚居区域。我国提倡建立的社区银行就是以某一地区为依托，按照市场化原则自主设立、运作并为当地居民和中小企业提供方便快捷、个性化服务的小型银行类金融机构。侯富宁（2013）也认为，社区银行的定义仅仅以规模大小来定义有失偏颇，它与其他商业银行的差异并不在于规模大小，而主要体现在经营理念、市场定位、服务模式和商业价值观上。

2.2.2　关于社区银行的特征

杨晔（2008）、高勇（2012）、刘建（2012）认为，社区银行的特征是经营规模小型化、组织形式单元化、经营决策简捷化、资金运用区内化、市场定位中小化、信息沟通对称化、服务产品个性化、与社区发展共生化；赵玉珍（2013）认为，社区银行的基本特征在于"社区性"，集中表现在它是依托所在社区的社会、地缘、人格信任关系、客户网络开展信用中介活动。我国要发展社区银行，绝对不能只是让银行机构"进社区"，而是要让其"融入社区"。侯富宁（2013）认为社区银行的特征一是坚持以本地社区居民和小微企业为服务对象；二是坚持有所为、有所不为，实现金融服务的精耕细作；三是全面融入社区，从单纯的"经济主体"变成"社会主体"，与社区融为一体，变成社区的利益共同体。张淑芳（2015）指出，社区银行单元制、小规模，一般在一个社区内只设立一个营业网点，资金来源于社区、运用于社区。它的营运资本多元化，可以来源于社区国有或民营资本投资、法人或自然人投资、企业或事业法人投资。

2.2.3　关于社区银行的比较优势

赖正球（2007）指出，社区银行之所以具有竞争优势，是其为异质性的金融需求客户提供差异化金融产品的结果，社区银行这种"草根性"和"亲民性"的运作模式可以有效防范银行契约交易中的逆向选择和道德风险。高勇（2012）认为，社区银行与其他银行的比较优势是社区地缘优势、关系贷款优势、定位差异优势、决策效率优势、运作成本优势。

沙良永（2013）认为，社区银行的贷款既然是以关系型贷款为主，那么它与交易型贷款相比就具有自身的经济性和优越性。其经济性主要表现在贷款及其投资的竞争性、安全性和盈利性。竞争性是指在目前商业银行激烈角逐的市场环境下一些中小银行如社区银行、村镇银行可以通过科学定位发展自己的细分市场，充分利用比较优势增强自身竞争力。安全性是指银企双方基于自身利益考虑会通过加强信息披露和严格自律来实现信息交流的安全，并以此维持现有的银企关系。从安全性角度来说，关系型借贷有利于银企之间信息交换的帕累托改进（Pareto improvement）。盈利性是指基于银企的相互了解和信任而建立的隐性长期合约可以较好地控制银企之间的潜在利益冲突，以实现各自利益的最大化。关系型贷款的优越性主要表现在商业银行和中小企业之间的良性互动。一是关系型贷款解决了长期存在的银企之间信息不对称问题。放贷银行可以借助人缘及地缘优势以较低成本收集如借款人的人品、信誉、性格特征、家庭构成、家族历史、市场、产品、生活开销以及企业的有关决策等诸多"软信息"，以降低决策风险。在长期合作中，借款企业也愿意主动提供相关信息，这也有利于激发银行进行信息生产的积极性。二是关系型贷款有利于贷款银行快速决策，及时为中小企业提供信贷支持。关系型贷款在很大程度上依赖于区域经理和信贷员对企业的专有信息与贷款决策权的匹配，因此其所做出的放贷决策一般较为快捷，可以及时满足中小企业的融资需求。三是关系型信贷有利于银企之间建立长期稳定的合作关系。关系型信贷的突出表现是银企双方存在隐性长期合约，这种契约有着特殊的价值：契约里为双方预留了较大的弹性和自由空间，合同条款谈判容易达成一致，可以较好地协调彼此之间利益冲突；可以使合同条款跨期平滑，使短期无利的项目在长期变得有利可图；银企关系越深，维持时间越长，越有助于降低贷款成本。

侯富宁（2013）认为，与其他商业银行相比，社区银行规模上相对弱势，服务的对象也是弱势群体。但社区银行可以转弱为强，它的竞争优势主要来自于社区银行掌握的社会资源所转化的独特资源优势和建立在社区共同利益、共同价值观基础之上的文化力量和认同感。它从一个侧面证明了社会经济学所表达的核心主题的合理性，即经济行为是社会行为的一种形式、经济行动是在社会中定位的合理性，并从独特的角度诠释了市场经济"资源为王"的定律。社区银行的竞争优势和生存基础在于经济行为和社会责任的有机结合，符合建设和谐社会的大趋势，因此孕育了强大的生命力。

2.2.4　关于我国建立社区银行的路径

学者们普遍认为，我国社区银行的建立路径有三种：一是改建，将地方现有的中小金融机构（包括城市商业银行、城市信用社和农村信用社）改造成社区银行；二是引导，将民间非正规金融组织（如合会、钱庄等）规范为社区银行；三是新建，由民营资本组建新的社区银行（王爱俭，2005；王修华等，2007；赖正球，2007；顾巧明等，2009）。

在改建方面，李湘宁等人（2013）还提出了一个新的思路：把网络金融机构改造成社区银行。他们认为，随着近年来新一代互联网技术特别是云计算、大数据、社交网络等技术的普及和运用，互联网金融时代正在到来。当前依托互联网开展的金融活动，比如网络理财、网络支付、网络保险、众筹融资以及 P2P 网络小额信贷等正方兴未艾。我们可以顺应现代科技发展，引导具备条件的互联网金融活动向民营银行转化。由于互联网金融在一定程度上代表了传统银行转型和金融创新的方向，这种将合格的互联网金融提供者改造为民营银行的准入模式更具前瞻性。

2.2.5　关于社区银行的股权结构

何德旭和王卉彤（2006）认为，无论是改建还是新建的社区银行都应该实行股份制。段军山（2009）认为，社区银行的产权组织形式主要有股份制、合作制和股份合作制三种。我国的社区银行股权结构既不是分散式（众多小股东）也不是集中式（有绝对控股），而应该是综合式，即拥有多个大股东。赵玉珍（2013）认为，股份制的社区银行资金不仅来源于社区内的企业和个人，而且可以来源于社区外的企业和个人以及战略投资者。

2.2.6　关于社区银行的风险问题

钟伟（2013）指出，美国社区银行在有着充足的发展空间的同时，也面临着诸多挑战。一是过度的价格竞争已使社区银行利润受到损害。社区银行数目众多，利用价格竞争争夺顾客导致利润下降已是不争的事实。二是社区银行对商业性地产贷款及建设性贷款的扩大。三是社区银行面临网络金融的冲击。可能有高达 30% 的社区银行认为纯网络银行对其经营是一个威胁。王雪玉（2014）提醒，2013 年以来不少银行在设立社区支行、小微支行上集体发力。然而发展越快，越易引发无序竞争和监管混乱。2013 年 12 月中旬，银监会下发《中国银监会办公厅关于中小银行设立社区支行、小微支行的通知》，指出符合条件的中小商业银行在风险可控、成本可测的前提下设立社区银行、小微支行，但为确保合法性、严谨性，社区支行、小微支行设立应履行相关行政审批程序，实行持牌经营。未取得金融许可证的，应转为自助银行或终止营业。自助银行按照现有规定，严格界定为无人值守的银行网点。《通知》规定，社区银行分"有人"和"无人"两种模式，其中"有人"网点必须持牌，"无人"则必须自助，不存在中间形态，如包括民生银行在内的"自助 + 咨询"（即"无人 + 有人"）的模式。吴春波（2014）认为，建立社区银行欢迎民营资本，但这也并不意味着什么样的民营资本都可以进去，比如高风险的地产行业资本。社会经济对于房地产价格的支撑能力已接近尾声。房地产行业资本进入社区银行业，将会给银行业的发展带来风险。

2.2.7　关于社区银行未来的发展空间

侯富宁（2013）认为，社区是一个小社会，但也是一个相对稳定、受经济波动影响相对较小的经济共同体，是一个有一定规模的、与社区内每个企业、家庭和个人都密切相关的市场平台。这个市场随着社区的发展而发展。除了地理意义上的社区，还有以产业链维系的经济社区、以互联网为基础的虚拟社区和以共同需求为目标的人文社区等。因为信息科技进步，已经让我们告别"用脚丈量"社区的时代，社区的多元化也会带来社区金融服务的多元化。社区银行服务于社区经济。社区经济作为市场经济和社会管理的混合体，随着社会经济转型和社区居民生活方式的改变，社区经济的外延和内涵还会不断发生变化，出现一些新的满足社区发展和居民需求的新兴产业，如网络智能、养老经济、健康保健和高端家政服务等。社区的市场空间和发展前景实际上远远超过我们的想象。

2.3　研究成果评述

国外的研究主要以美国学者为主，他们不仅总结出了社区银行比较优势的主要原因是社区银行较之于大银行更能运用"关系型贷款"技术，而且看到了社区银行在蓬勃发展的同时所面临的风险。但是，国外对社区银行的界定主要基于资产规模的大小，失之于单一和偏颇；而且国外社区银行的生存和发展环境有别于我国，我国只能借鉴，不能全盘照搬。

国内的社区银行研究经过十多年的探索有了不少进展，对于今后的研究路子有着十分积极的启迪作用。但是由于我国的社区银行起步较晚、实践较少，理论研究还缺乏大量的不足和一些空白，主要存在以下十六个问题：

（1）社区银行与普惠金融和微型金融之间的联系与区别？

（2）遵循"社会资源配置由市场决定"的规律，在市场准入方面，我国社区银行金融资源如何体现由市场供需取舍、避免一哄而上或按比例分配的现象出现？

（3）在国家逐步下放社会管理职能于社区的背景下，社区银行如何发挥出更大的作用和效力？

（4）社区银行如何把推进我国城镇化建设紧密结合起来，尤其是如何把握我国"城市群"崛起的发展契机？

（5）社区银行如何把握市场利率化的大格局来发展壮大自我？

（6）建立和发展社区银行的政府意图与民营资本进入的动机如何协调统一？

（7）在国家鼓励发展"混合制"经济体的背景下，如何建立混合制社区银行？社区银行如何进行存量改建和增量新建？

（8）在国家扩大金融业的对内、对外开放的背景下，社区银行应当以何视野、以何角度、以何高度来审视和设计自我？

（9）随着社区经济的不断发展，服务于社区经济的社区银行如何突破传统银行的一般业务，拓展更为广阔的发展空间？

（10）在信息技术高速发展、互联网金融方兴未艾之时，社区银行是否应当重新定位？

（11）金融业混业经营的大趋势给社区银行带来的挑战和机遇是什么？

（12）社会融资由间接逐步转向直接，会对社区银行产生哪些冲击？

（13）在与大银行共生存、共竞争、共发展的环境中，如何打造社区银行的核心竞争力？

（14）我国日益庞大的影子银行将给社区银行带来哪些严重的冲击？

（15）我国社区银行生存与发展的风险来源与防范对策有哪些？

（16）我国社区银行未来发展的趋势是什么？

对我国社区银行的研究，应牢固树立创新、协调、绿色、开放、共享的新理念，以新一轮改革思路为主线，对我国近十年来社区银行的社会实践做一次全面系统的分析和认真深刻的反思，努力探索我国社区银行的发展规律，力争构建一个全新的具有中国特色的社区银行理论框架体系，为社区银行的健康发展提供一套可操作的模式方案。

第3章

社区银行基础理论：温故而知新

3.1 金融结构理论

金融结构理论（Financial Structure Theory）创立者和主要代表人物是比利时的美籍经济学家、耶鲁大学教授雷蒙德·W. 戈德史密斯（Raymond W. Goldsmith），代表作是 1969 年出版的《金融结构与金融发展》。戈德史密斯把各种金融现象归纳为三个基本方面：金融工具、金融机构和金融结构。金融工具是指对其他经济单位的债权凭证和所有权凭证；金融机构即金融中介机构，指资产与负债主要由金融工具组成的企业；金融结构是一国现存的金融工具和金融机构之和。他认为金融发展的实质是金融结构的变化，研究金融发展就是研究金融结构的变化过程和趋势。

3.1.1 金融结构理论基本内容

1. 金融工具与金融机构

戈德史密斯（1969）认为，不同类型的金融工具与金融机构的存在、性质以及相对规模体现了该国的金融结构。金融发展是金融结构的变化，通过对一国金融结构的剖析就能掌握该国金融发展水平和金融发展趋势。

2. 金融相关比率

戈德史密斯认为，金融相关比率的变化反映了金融发展的基本特点，即金融上层机构与经济基础结构在规模上的变化关系。金融相关比率（Financial International Ratio，FIR）的计算公式是：

$$FIR = \frac{F_r}{W_r} = \beta_r^{-1}[(\gamma + \pi + \gamma\pi)^{-1} + 1][k\eta + \phi(1 + \lambda) + \zeta]$$

$$1 + \theta[1 + \varphi]^{\frac{n}{2}} - 1$$

上式中的符号说明：

r——裁截比率，表示截止时间；

F_r——一定时期内的金融活动总量；

W_r——国民财富的市场总值；

β——平均资本产出率；

γ——GNP 实际增长率；

π——物价变动率；

k——资本形成总值对国民生产总值比率；

η——外部融资比率；

n——非金融部门金融工具发行量对资本形成总值比率；

φ——金融单位发行的金融工具对国民生产总值的比率；

λ——分层比率，某类金融机构对其他金融机构发行的金融工具与它们对非金融部门的发行总额之比；

ξ——海外净债权率。外国发行量对国民生产总值比率；

θ——受价格波动影响的金融工具净发行额的比例；

φ——价格敏感资产的价格平均变动比率。

戈德史密斯认为，金融相关比率已经成为衡量一国金融发展程度的最重要指标。简化这个公式，可以 GNP 代表经济活动总量作为分母，以金融负债（一般以广义货币供给量 M2 表示）与金融资产之和代表的金融活动总量或金融工具总额作为分子。金融资产分为银行资产和有价证券 S，其中 S 为股票市值和债券市值之和，从而 FIR 计算公式演变为：

$$\frac{M2 + L + S}{GNP}$$

3. 金融发展与经济增长

戈德史密斯认为，以初级证券和二级证券为形式的金融上层结构，为资金转移到最佳的使用者手中提供了便利，它使资金流向社会收益最高的地方。从这种意义上说，金融上层结构加速了经济增长速度，改善了经济的运行态势。这表现在：

其一，储蓄与投资的分离。他认为，由于金融工具的出现和金融机构的成立而扩大金融资产的范围，导致了储蓄和投资的分离。而储蓄与投资的分离能够提高投资收益并提高资本形成对国民生产总值的比率；同时通过储蓄与投资两个渠道的金融活动能够提高经济增长率。金融工具的出现使储蓄和投资分离为两个相互独立的职能，这种特殊的分工一方面使一个单位的投资可以大于其储蓄，摆脱自身储蓄能力的限制；另一方面为储蓄者带来增值，使得储蓄不仅是财富的贮藏，还能增加收益。

其二，资源配置的优化。他认为金融机构对经济的引致增长效应就源于对储蓄者与投资者资金供求的重新安排。金融机构的介入使投资和储蓄的总量超出了储蓄者和投资者在没有金融机构时的直接融资的总量，而且金融机构能够在潜在投资项目之间更高效率地进行资金分配，以提高边际收益率。

他认为，发达金融机构对经济增长的促进作用是通过提高储蓄和投资总水平与有效配置资金这两条渠道来实现的。金融结构越发达、越合理，金融工具和金融机构提供的选择机会就越多，人们从事金融活动的欲望就越强烈，储蓄总量的增加速度就越快。在一定的资金总量下，金融活动越活跃，资金的使用效率就越高。因此，金融越发达，金融活动对经济的渗透力越强，经济增长和经济发展就越快。

4. 关于金融发展的内在路径

戈德史密斯通过数量分析与定量分析相结合的方法证明了金融发展路径的特点是："金融相关比率、金融机构在全部金融资产中的份额、银行体系的地位都具有某种程度的规律性，只有在为战争融资或通货膨胀时才显示出规律性的偏差。在这条道路上，不同国家在不同日期从这条道路上起步。不同日期有两层含义，即从不同日历年度起步或从不同的非金融经济发展阶段起步。沿着这条路径，各国有不同的发展速度。"

3.1.2　金融结构理论的启示

传统框架下的金融机构理论对于发展中国家金融生态塑造与结构优化具备一定的借鉴意义，尤其在以下几个方面更为突出[①]：其一，单一的银行格局需要革新。中央银行的政策业务从一体化的复合金融业态当中剥离开来，形成多主体、多性质的银行并存的新格局；其二，金融市场应当逐步深化开放深度。主要是针对中小微金融群体，尤其是在非常规银行金融机构及外资金融机构市场准入规则障碍方面的削减；其三，应当继续深化金融制度改革。继续推进金融服务系统优化和金融衍生产品创业，如市价和利率市场化改革、货币市场外

---

① MBA 智库百科（http://wiki.mbalib.com/），2016 - 06 - 02.

向化、银行生态表外业务的延伸；其四，降低间接融资比例、增加直接融资比例。通过构建深层级、宽领域资本生源市场促进直接融资发展，打破既有体系下由传统金融机构主导的单一间接融资格局。这里需要注意的，首先是国家主体金融中介机构与第三方资本市场之间的资源共享与优势互补利好要优于恶性竞争与资源掠夺［Tmesse（2000），Terr（2002）］，高效运作的资本交易市场需要得到健康的资本中介机构作为业务授信和支付清算系统的帮扶。加快货币市场化改革，推动商业银行主体创业，打破垄断壁垒，形成资源共享下的良性竞争共存新格局，提升金融业态中行为个体的自生能力极其重要。其次是金融结构的同向表化并等同于金融能力发展的程度相同，金融机构自身的结构创新与功能优化应当立足于本国实际金融现状、宏观层面的经济政策现实趋向和自身独有的人文风格。

3.1.3　我国金融结构目前失衡

我国金融结构中依然存在诸多矛盾，金融风险依然居高不下，货币交互结构处于失衡状态，主要表现在以下几个方面[①]。

第一，直接融资成长型不足。间接融资占比居高不下，一直占据社会主体融资总额的绝对地位，直接融资成长型相对不足。国有企业的资金来源主要倚重于商业银行贷款，而通过第三方资本交易市场所募集的资本占比明显不足。受制于历史因素，我国政策制定部门长期压制直接融资和非银行金融机构的发展，由此形成了当前以间接融资为主、直接融资和资本市场为辅的金融格局。资本市场活性不充分以及间接资金募集所充当的社会资本主体角色直接决定了当下中国金融机制的活力欠缺，企业对商业银行的高负债运营特征，提升了整体经济运行的风险性与不稳定性。

第二，外资引入重数量，轻效率。国内资本市场在寻求资金获取渠道时，对引进外资后的使用方式及资本使用流向关注度不高，失重的资本形成结构在一定程度上导致了国内经济主体形成外资依赖，影响着国内资本蓄积机制的形成。

第三，金融工具应用不灵活。基于金融衍生品格局下的微观利率汇率工具的操作熟练度不足，宏观经济的调节杠杆效益难以得到充分实现，金融风险防控稳定系统和运营脉搏控制器不成熟。

第四，金融层面的政策性与商业性属性依然混淆不清。行政内涵下的政策

---

① MBA 智库百科（http://wiki.mbalib.com/），2016 - 06 - 02。

性金融与交易内容中的商业性金融间的矛盾尚未根除。国家成立政策性银行的动机在于，化解专业银行经营目标的商业常态化与社会普惠化间的矛盾，为全方位的金融生态格局改革创新进行要素铺垫。然而，尽管国有银行传统政策业务已经剥离，但受制于种种既有格局束缚，众多国有银行重新回归到掌握变相政策性权益区位当中。

第五，居民金融资产结构不均衡。银行存款比重过高，存储对象的分布比趋向极端部门化，储蓄投资分离程度偏高。

第六，国有商业银行依然占据国民金融体系主导地位。据相关部门统计，非国有经济主体创造了一半以上的国民生产总值。其中，中小微企业在全部经营企业主体中占99%以上，但为民营中小微企业提供专项金融服务的机构，如社区银行、互联网银行、农商银行等普惠金融机构则为数不多，中小企业的融资渠道受限于高度金融准入门槛而屈指可数。

由此可见，制约我国金融实现跨越式发展的主要因素在于金融格局的失衡性。金融结构改革和内容优化不仅在于存量的提升，更要注重增量的效益和质量，即牢牢把握金融发展的内在规律，并深度结合国情逐步深化金融结构改革。同时，也应当开展在金融发展逻辑和经济增长交互规律方面的理论研究，密切关注金融结构改革与内容创新对于经济增长的同位效应，充分了解认识伴随经济成长金融结构调整的动态优化与发展趋向和金融中介机构的地位调整。党的十八届五中全会《中共中央关于制定国民经济和社会发展第十三个五年规划的建议》中明确指出：要健全商业性金融、开发性金融、政策性金融、合作性金融分工合理、相互补充的金融机构体系。构建多层次、广覆盖、有差异的银行机构体系。由此，本书认为，加快社区型银行建设步伐是完善我国金融结构层次、丰富我国银行业态的历史必然。

3.2　金融共生理论

衣长军（2008）在《从金融共生理论看我国金融生态环境和谐发展》一文中对金融共生理论做了如下介绍①。

---

① 衣长军. 从金融共生理论看我国金融生态环境和谐发展 [J]. 商业时代，2008（8）.

3.2.1 金融共生概念

金融共生是指运营业态和成长规模各不相同的金融组织之间、金融组织与不同企业之间、金融组织与区域经济体之间在同一成长运营生态下通过资源交互和功能互补所实现的和谐发展，以达到涵盖金融组织在内的整体经济格局的跨越式发展和稳定性成长，从而达到区域金融生态因子一体化的相对平衡。金融共生形成金融共生生态，具有多元化、关联化、交互化和一体化的特点，而是否具备这四个特点则是判断金融共生要素间能否形成金融共生的依据。这种共生，在生物界，外显为生物生育繁殖能力与生存抗压能力的提升；在经济界，则表现为经济共同体中的参与单元的自身发展与抗压风险能力的增强和净资本效益的提升，共生体中的各个要素都会对共生能量产生作用。

3.2.2 金融共生要素

1. 金融共生单元

金融共生单元作为构成金融生态下共生主体或具备共生关系的基本能量生产和交互单位，是产生金融共生效应的基本物质基础，包括规模不同和性质不一的资金提供者，比如银行、证券、保险、信托、期货、外汇、基金、投资咨询、财富管理的金融机构；也包括各种资金需求者，比如大、中、小微企业、社会自然人等；还包括各种各样的金融中介机构。随着金融体制改革不断深化和对外开放的继续扩大，我国的金融共生单元将趋向于多元化、多层化和国际化。

2. 金融共生模式

金融共生模式是指存在于共生环境下的各类共生要素单元间相互作用的形态，反映出各类金融机构间、金融机构与社会利益主体间的精神、物质、信息和能量的相互联系。通过共生模式，各类金融共生单元之间实现交互协作、资源共享、优势互补，继而实现互惠双赢、和谐共生。共生模式从静态可分为寄生共生、偏利共生和互惠共生。其中，互惠共生是共生的主要行为业态，它又可以依照形态不同分为非对称性共生和对称性共生两大类；共生模式从动态可分为点性共生、间歇性共生、连续性共生和一体化结构共生。连续性共生是指共生单元要素之间在一个密封的时间区间内部在多层面发生连续不间断的交互辐射作用。连续性共生是较为常见且稳定常态的共生关系。共生系统的构成是由共生单元依照差异化的模式组建而成。金融共生模式并非一成不变，随着共生单元性质和共生环境的演化，共生系统也会随之发生变化。

3. 金融共生环境

金融共生环境是指金融共生单元以外的金融共生单元赖以生存的全部基础，诸如政治、经济、法律、行政、信用、地域、国际等社会因素构成的金融共生环境即金融生态环境。共生环境是一个复杂的生态交互系统，对金融共生环境的分析需要多层次、多渠道、多视角的综合分析。

3.2.3　我国金融共生发展中存在的问题

1. 金融共生单元存在缺位

受制于历史和政策的原因，我国金融机构长期以来是以国有金融业态为主体，而且是以国有四大行为主体的资本金融行为体系，非银行金融机构相对较少。这种金融存量结构极易导致行业间资源分配不均衡并引发连续性金融脱轨，使得金融风险管控能力薄弱，抗压风险评估功能不能显现，导致金融风险高度集中于商业银行，尤其是国有商业银行。同时，我国的金融机构尚未形成稳健、有序的金融共生交互生态链条。现存不同规模、不同层级的金融机构间尚未形成和谐有序的业间共生关系，而更多的是凭借一种非理性竞争关系进入金融市场。此外，国家大力发展民营经济起步不久，民营企业普遍存在的规模小、经验少、规范差、透明度低、信用意识弱等先天性弊病，也致使国内民营企业的资本运营的意识不足和能力薄弱。因此，一方面我国缺乏多类型、多层次的阶梯型金融共生单元，另一方面民营经济发展不充分也影响和谐共生的区域经济金融的一体化发展。

2. 金融市场现有要素功能不均

我国金融共生模式失衡突出表现在：间接融资比重过高，直接融资的比重偏小；资本市场重视度高而货币市场重视度低；资本市场中侧重于股票市场而轻视债券市场；股票市场中倾向于流通市场而轻视于发行市场；债券市场中热衷于国债市场而清淡于企业和地方债券市场等。这些导致了较为严重的企业投融资障碍和准入瓶颈，市场运作失灵又降低了金融交易市场的运作稳健性和可持续性。

3. 金融共生外部环境正向激励不足

金融共生的外部环境包含政治制度、法律体系、产权制度、信用环境和企业系统等多个方面的内容。首先，我国金融法律法规不健全，难以真正实现金融法规保证金融交易的安全高效、维护资本交易公平的本质目的，反而诱发了金融主体违法犯罪获取不当收益的行为动机和逃过一劫的侥幸心理。其次，信用环境缺失明显存在。现代产权市场和资本交易市场均属于信用经济的范畴，尤其是对于金融业，信用是其基本行为生存和发展的必要条件。通过制度安排来规范和约束相关的信用活动是维护经济和金融秩序、防范信用风险的重要保证。而当前国内金融机构在市场化运营中无法全面确定授信人的资信状况和未来偿债风险，从而增加了授信的风险和潜在爆发系数。在现行的法律制度对失信行为缺少具备可塑性的惩治手段的状况下，失信的违约成本较低，诱使更多的商事主体和社会人敢于冒险进行失信获利的违法行为，严重侵蚀着金融机构和资本市场的生存发展基础。信用环境的正能量不足，是造成我国金融供给不足，我国企业尤其是中小微民营企业贷款难、经营难的重要原因。

3.3　金融包容性理论

闫海洲、张明珅（2012）在《金融包容性发展与包容性金融体系的构建》一文中介绍了金融包容性的基本理论①。

3.3.1　金融包容性概念与意义

金融包容性发展的初始概念，发源于联合国为帮助解决中小企业商业信用贷款所提出的普惠金融框架系统建设，致力于构建高效、全面的为全社会阶层及有关群体提供综合服务的金融支持系统，即让众多被阻隔在正规金融体系外的商业客户获取金融服务和资本支持。包容性金融的核心理念在于资源共享与效益普惠，是强调给弱势群体——中小微企业及贫困群体提供一种平等地获取金融服务的机会与权利，而这是传统商业金融体系在很大程度上难以实现的。目前，有关金融包容性发展的内涵并无统一说法。一种观点认为，包容性金融是指一个能够有效为全社会阶层提供综合商业服务的金融系统。由于大型企业和资本充裕人群已经拥有了金融服务的机会，所以以构建包容性金融的主要任务就是为传统金融服务所无法覆盖到的中小微企业、贫困阶层等弱势群体提供全方位的高品质金融服务的机会（汤敏，2008）。另一种观点认为，包容性增长涵盖了增长的宏微观因素之间的默契联系，直接体现了微观因素当中诸如市场竞争、经济多元、企业主体创新等结构性变量的不可替代性。

金融的包容性发展从更加宽泛的领域上对金融改革的导向和使命进行了深度阐述，具有极其重要的价值意义。第一，金融包容性发展具有重要的创新价

---

① 闫海洲，张明珅. 金融包容性发展与包容性金融体系的构建 [J]. 南方金融，2012（3）.

值。金融包容性发展观点认为金融不仅应该作为经济增长的创新引擎，更应当成为解除贫困和社会不平等的差异化手段。第二，金融包容性发展是对金融发展理论内容的深化。金融包容性发展是在包容性发展理念的引领下，强调金融资源的分配，更加强调金融发展的分配效率和共享均衡性，目的在于解决市场经济发展中的成长性问题和结构性问题，进而夯实经济增长的系统基础。金融包容性发展核心在于普惠和共享，而这两者则具备两种含义：一是从生产角度来看，将金融视为资源，让所有的商事主体和社会自然人都能够使用这种资源，通过金融资源的合理占有和利用推动生产的进行，从而带动企业和个人物质财富的增长。二是从消费角度来看，金融是一种社会产品，通过金融包容性发展的不断完善和优化金融产品，降低金融服务消费的准入门槛，让普通企业和个人能够消费得起金融产品，通过金融消费来提升消费者的综合收益，改善消费者的福利状况。无论是基于生产角度还是消费角度，金融包容性发展往往会接纳金融对于金融增长的贡献，而非牺牲效率来改善社会公平状况。进一步而言，金融包容性发展是要改变金融发展的不均衡现状，更加稳健优质地推进经济效率的提升。

3.3.2　金融包容性发展与中国金融改革

目前中国的金融体系还面临着多方面的挑战，尤其集中在以下三个方面。

第一，金融发展对收入平等的支持不包容。尽管中国的改革开放取得了卓越的成绩，但不可否认的是中国居民的收入差距正在不断拉大。中国的基尼系数在 2000 年时就已经突破了 0.4 的国际警戒线，在 2008 年时就已经增加到 0.48，2015 年略微回落到 0.46，但仍然在国际通用警戒线以上。中国的金融体系对于缩小收入差距的支持力度也相对薄弱。受制于历史因素的影响，我国金融行业不够发达、金融创新的步伐相对缓慢、内容革新的积极性不足、金融产品类别单一，致使居民理财途径匮乏，影响了居民资产性收入的增加。另外，单一的投资渠道容易致使资金流向资本市场，形成价值虚高的资产泡沫，进而影响金融安全和国家经济稳定。

第二，金融发展对私人部门的支持不包容。我国金融体系是典型的银行主导型，银行中介承担了社会的大部分资本融汇功能，而且银行系统内部也类似于寡头垄断的结构。在改革初期，全国四大国有商业银行的市场集中度普遍在 0.8 以上，1997 年降低到 0.6 ~ 0.7，而 2004 年的数值在 0.55 左右。尽管银行业的集中度呈现降低的趋势，但仍然存在比例较高的垄断水平，挤压了中小金融机构的生存空间。包括林毅夫在内的多名民间政策研究人员表示，与大型金融机构相比，中小金融机构更趋向于中小企业融资，而中小金融机构的缺失则使得金融对私人经济组织的发展不够包容。

第三，金融发展对破解经济二元结构的支持不包容。格局式的城乡二元结构普遍存在于发展中国家当中，它的存在既不利于社会发展，也不利于经济的稳定增长。长久以来，中国的城乡二元结构日趋明显化，城市与农村之间的发展落差持续加大，工业与农业间的业态差距也呈现出差距性，这对我国的经济增长和社会稳定造成一定影响。从经济发展的角度来看，金融市场调整的着力点应当在欠发达的农村。然而，中国的金融系统并未能够充分落实本应履行的责任，对于破解城乡二元结构的参与度与影响力颇为微弱。中国经济的增长，很大程度上依赖于城市的发展和工业的崛起，而这则意味着愈来愈多的资本从农村归拢向城市，从农业反哺到工业。这不仅有害于产业升级和结构优化，也会进一步拉伸原本就难以愈合的城乡缺口，影响经济的健康发展。

3.4 普惠金融理论

普惠金融是指立足机会平等要求和商业可持续原则，以可负担的成本为有金融服务需求的社会各阶层和群体提供适当、有效的金融服务。社区居民、小微企业、农民、城镇低收入人群、贫困人群和残疾人、老年人等特殊群体是当前我国普惠金融的重点服务对象。大力发展普惠金融，是我国全面建成小康社会的必然要求，有利于促进金融业可持续均衡发展，推动大众创业、万众创新，助推经济发展方式转型升级，增进社会公平和社会和谐。

国务院《关于推进普惠金融发展规划（2016—2020年）》（国发〔2015〕74号）指出，我国未来五年即到2020年，建立与全面建成小康社会相适应的普惠金融服务和保障体系，有效提高金融服务可得性，明显增强人民群众对金融服务的获得感，显著提升金融服务满意度，满足人民群众日益增长的金融服务需求，要让人民群众尤其是社会弱势群体及时获取价格合理、便捷安全的金融服务，使我国普惠金融发展水平居于国际中上游水平。

1. 提高金融服务覆盖率

要基本实现乡乡有机构，村村有服务，乡镇一级基本实现银行物理网点和保险服务全覆盖，巩固助农取款服务村级覆盖网络，提高利用效率，推动行政村一级实现更多基础金融服务全覆盖。拓展城市社区金融服务的广度和深度，显著改善城镇企业和居民金融服务的便利性。

2. 提高金融服务可得性

大幅改善对城镇低收入人群、困难人群以及农村贫困人口、创业农民、创业大中专学生、残疾劳动者等初始创业者的金融支持，完善对特殊群体的无障碍金融服务。加大对新业态、新模式、新主体的金融支持。提高小微企业和农户贷款覆盖率。提高小微企业信用保险和贷款保证保险覆盖率，力争使农业保险参保农户覆盖率提升至95%以上。

3. 提高金融服务满意度

有效提高各类金融工具的使用效率。进一步提高小微企业和农户申贷获得率和贷款满意度。提高小微企业、农户信用档案建档率。明显降低金融服务投诉率。

3.5　信息经济理论①

信息经济学（information economics）起源于20世纪40年代，发展于50—60年代，到70年代基本发展成熟。代表著作有美国霍罗威茨的《信息经济学》、英国威尔金森的《信息经济学——计算成本和收益的标准》和日本曾田米二的《情报经济学》等。信息经济学的研究从一开始就有两条主线：一是以弗里兹·马克卢普（Fritz Machlup）和马克·尤里·波拉特（Mac Uri Porat）为创始人的宏观信息经济学。宏观信息经济学又称情报经济学、信息工业经济学。以研究信息产业和信息经济为主，是研究信息这一特殊商品的价值生产、流通和利用以及经济效益的一门新兴学科。二是以斯蒂格勒和阿罗为最早研究者的西方信息经济学、微观信息经济学。微观信息经济学又被称为理论信息经济学，它是从微观的角度入手，研究信息的成本和价格，并提出用不完全信息理论来修正传统的市场模型中信息完全和确知的假设。它重点考察运用信息提高市场经济效率的种种机制。因为主要研究在非对称信息情况下，当事人之间如何制定合同、契约及对当事人行为的规范问题，故信息经济理论又称契约理论或机制设计理论。

3.5.1　非对称信息环境与微观信息经济学

非对称信息指交易双方各自拥有他人所不知道的与交易有关的私人信息。

---

① http：//baike. baidu. com/，2016 - 06 - 02.

信息经济学把拥有私人信息的一方称为代理人。不了解这些信息的一方称为委托人。因此，一般不对称信息问题都可归结为"委托—代理"模型。在非对称信息环境中，"委托—代理"关系的成立条件是委托人对代理人的支付不低于后者参与这个契约的机会成本，同时又要实现自身利润最大化。在这种参与约束和激励相容约束的条件下，委托人的最优选择应该是什么？博弈论学者哈萨尼对此做了深入研究，定义了"贝叶斯—纳什均衡"，以寻求最优的契约或制度安排，使代理人吐露实情。委托人还可通过一些信号如价格、荣誉、广告等获取信息。非对称信息环境是微观信息经济学重要的既定条件之一。微观经济学完全竞争模型在现实中很难真正存在。对不完全信息状态下市场的研究逐渐发展为微观信息经济学。

3.5.2　宏观信息经济学

美国普林斯顿大学的马克卢普和斯坦福大学的波特创立的宏观信息经济学，把信息产业视为在农业、工业、服务业后的第四产业，以统计数字及数量分析来说明信息经济的发展，它是信息产业及信息经济发展的必然要求及必然结果。以乌家培为代表的信息经济学者认为宏观信息经济学的主要研究内容为：信息产业的产生与发展，以及在国民经济中的地位与作用：有关信息市场的问题，如信息商品的价值与价格计算，市场主体行为的考察及市场容量的扩展；信息商品的生产、交换、消费、分配规律以及对信息资源的有效配置问题的研究：国民经济的信息化问题以及如何用信息技术改造传统的工农业，还有以信息技术为主要研究对象的信息系统的研究等。总体来讲，宏观信息经济学既研究信息产业的经济运作，也研究社会宏观经济的信息化问题。

近年来，在信息学界有一些极为活跃的信息经济学研究者，他们不但从事信息商品与信息产业的经济学研究，而且也逐渐进入微观信息经济学领域，并且试图将两者结合起来，纳入一个完整的体系。主要方法是从非对称信息条件下的契约理论入手，研究信息如何搜寻，以及信息的收集与交易的成本，然后逐步过渡到宏观信息经济学的领域。

3.5.3　信息经济学的意义

传统经济学认为，价格凝结了所有的市场信息，它的获得不需要成本，因而能够为所有的市场参与者自由运用。这样，市场参与者就具有了市场运行的完全信息。决策个体之间的相互作用通过市场包含在价格之中，直接经济联系并不等同于相互作用。因而，直接的相互作用或经济联系并不构成传统经济分析的内容。这就隐含着传统经济分析不包含私人信息的内容，亦即不存在信息的非对称性。理性人假设具有两层含义：一是"利己"和"效率"，即"自私"和"利益最大化"；二是决策者具有进行决策的完全信息。决策个体在给定的信息参数——价格下进行决策，个体之间的相互作用都通过市场包含在价格之中，价格机制就包含了市场经济活动的全部内容，市场机制就等同于激励约束的全部内容和手段。通过市场这只"看不见的手"的作用，个人理性自发地达到集体理性，整个经济社会最终会达到理想状态——帕累托最优状态。

信息经济学认为，价格是供需矛盾自我调节的结果，是以付出成本为代价的。决策个体之间存在直接的相互作用和影响，私人信息发挥着重要作用，从而交易双方的信息是不完全、不对称的。在信息不完全和非对称条件下，完全理性就会转化为有限理性，即经济个体是自私的。按照最大化原则行事，个体通常并不具有做出最优决策所需要的信息，个人理性选择的结果可能是非理性的。信息经济学揭示了个人理性可能导致集体非理性，价格并不能囊括全部的市场经济关系。因此，市场价格制度就不再是激励约束的全部内容和手段，"非价格"机制成为激励约束不可或缺的内容。

3.6 关系型贷款理论

3.6.1 关系型贷款的含义

Petersen 和 Rajan（1994）在 1987 年美国小企业数据进行实证研究时发现，银行和企业建立密切关系有助于信贷可得性的增加，银行和企业的关系具有价值。Berger 和 Udell（1995）在分析银行业集中化对中小企业融资的影响时指出，银行对小企业贷款更倾向于信息敏感和关系驱动（Relationship – driven），而对大企业贷款则更倾向于交易驱动（Transaction – driven），Berlin 和 Mester（1998）进而按贷款方式将银行贷款划分为市场交易型贷款（Transactional Lending）和关系型贷款（Relationship Lending）。他们认为，市场交易型贷款多为一次性的交易行为，信贷需求不会反复发生，而关系型贷款以银行对借款人保持密切监督、银企重新谈判和双方长期隐性合约为基本特征，其主要表现形式为额度贷款和承诺贷款。作为一种细化和更深入的研究，Berger 和 Udell（2002）将银行贷款按技术区分为财务报表型贷款（Financial Statements Lending）、资产保证型贷款（Asset – based Lending）、信用评分技术贷款

（Credit Scoring）和关系型贷款（Relationship Lending）。他们把前三类贷款技术归并为交易型贷款，这类贷款决策的做出是基于银行相对容易取得的"硬"信息，而不是基于通过长期银企关系才能取得的"软"信息。他们对这几种贷款技术的适用性及优劣性进行了如下分析：财务报表型贷款强调对企业财务状况的评估，贷款决策和贷款条件主要基于贷款申请者所提供的资产负债表和损益表，该技术主要适用于那些财务报表经过严格审计、信息透明度较高的大企业，某些有较长历史、业务比较透明、报表审计严格的小企业也能适用这种技术；资产保证型贷款又称抵押担保型贷款，这类贷款的决策主要取决于借款者能否提供保质保量的抵押品，该技术有很强的事后监督功能，被广泛应用于对中小企业的贷款，其缺点是要求银行具有较强的监督能力，并需要支付相对昂贵的交易费用；信用评分技术是一项运用现代数理统计模型和信息技术对客户的信用记录进行计量分析从而做出决策的技术，该技术具有成本低、效率高等特点，可以在较大程度上缓解信息问题，20世纪80年代以来，被美国金融机构运用于小额贷款的发放上，但由于该技术较复杂，对信息系统和数据积累的要求较高，其应用范围受到限制。殷孟波、翁舟杰（2007）认为，关系型贷款是指贷款人的决策主要基于通过长期和多渠道与企业接触所积累的关于借款企业及其业主的相关信息而作出，这些信息的获得部分是通过银行为企业所提供的存贷款和其他金融产品的服务；另外还可以通过与当地社区中其他成员的接触中获得，比如企业的供应商和客户，他们能够提供关于企业、业主、企业运行等方面的特殊信息，最重要的是这些通过长期接触所取得的信息具有非常重要的价值，其实际价值超过银行的财务报表、抵押品和信用评分，能够帮助"关系型贷款人"比"交易型贷款人"更好地解决信息不透明问题。

通过Berger等学者对不同的贷款技术的比较研究发现，由于中小企业确实存在信息不透明、缺乏抵押品以及财务制度不健全等缺陷，关系型贷款技术最适合于中小企业贷款。这与关系型贷款在信息收集上的独到之处以及所收集的信息具有私有性等分不开，其具体特征可总结为：（1）信息的收集基于长期的银企关系；（2）不仅仅收集财务报表等各类公开信息，还收集不易量化和传递的意会信息；（3）不仅通过给借款企业提供的多种金融服务来获取信息，还通过与借款企业所在社区相关主体的交往来收集信息。总之，中小企业贷款困难根源于信息问题而导致的高昂交易费用。殷孟波、翁舟杰（2007）认为，事实上，关系型贷款正是银行和企业为克服这种交易费用障碍而共同构建的一种制度安排，这种安排可以明显地降低融资中的交易费用。这是因为依靠长期关系积累的"软"信息可以在很大程度上弥补小企业难以提供高质量"硬"

信息的缺陷，使银行更好地进行信贷决策和贷款监督。由于中小银行在运用关系型贷款上的优势，无论是发达国家还是发展中国家的中小银行，均相当热衷运用这一技术开展对中小企业的贷款。

然而，实际上"关系型贷款"在一定程度上包含着"小银行优势论"理论，两者经常隐含着如下一种因果关系：关系型贷款有助于解决中小企业的信息问题（节约交易费用），而中小银行在关系型贷款方面又具有优势，因此中小银行在为中小企业融资方面具有优势。[①]

3.6.2　小银行优势论

国外的大量实证研究发现，小银行比大银行更加倾向于向中小企业提供贷款，无论在中小企业贷款占银行总资产的比率，还是在中小企业贷款占全部企业贷款的比率上，小银行的指标均高于大银行（Berger 和 Udell，1995；Levonian 和 Soller，1995）。由此产生了小银行在对中小企业融资上的"小银行优势论"（Small Bank Advantage）。为了说明小银行优势的形成机理，国外学者们提出了种种解释并认为，小银行的组织结构有利于其生产软信息，因此在关系型贷款上拥有优势。相反，大银行的组织结构和管理模式则需要企业硬信息和发放交易型贷款。能够发放关系型贷款是小银行优势的主要体现。

Nakamura（1993）的结算账户理论虽然还未涉及关系型贷款的概念，但他从中小银行对中小企业结算账户的优势方面给出的研究已经蕴含了中小银行在关系型贷款上的优势。他认为大银行拥有的企业客户过多，对单个中小企业结算账户信息不能做充分的识别和利用，而在中小银行开户的中小企业有限，且一家中小企业多集中在一家银行开户，结算信息比较简单，信贷经理能够比较便利地对包括账户信息在内的各种信息进行综合把握和处理。因此，相对于大银行，中小银行对在该行开户的中小企业拥有信息优势。Berger 和 Udell（1995）运用 Williamson（1967，1988）的层级控制理论认为，当银行规模变大、组织结构更复杂时（比如综合性大银行），它们可能会减少对小企业的贷款，并且通过实证检验证明了这一点。他们主要从大企业和中小企业信贷业务的不同特征及管理的规模和范围不经济的角度，分析了银行并购对中小企业贷款的不利影响。他们认为规模更大、组织结构更复杂的银行会减少对中小企业的贷款，以集中对大企业提供金融服务。

Berger、Miller、Pertersen、Rajan 和 Stein（2001）以不完全契约理论为基

---

① 殷孟波，翁舟杰. 关系型贷款和小银行优势论述评［J］. 财贸经济，2007（6）.

础进行，认为在需要处理软信息的业务中，小型金融机构比大型金融机构能做得更好。他们认为中小企业贷款是一种典型依赖软信息的业务，大银行与小银行相比是缺乏意愿向这类信息获取困难的企业发放贷款的，比如那类没有建立起规范财务报表的企业。另外，大银行与其借款企业距离更远，银企间更缺少个人化交流，与借款企业关系较短且不紧密，不能有效缓解企业的信贷约束。

另外，Hauswald 和 Marquez（2002）通过研究银企间物理距离对信息传递的影响，论证了关系型贷款将随信息距离（Informational Distance）的增加或生产关于借款人的特定信息的成本的提高而缩减，由于小银行一般比大银行更为靠近潜在客户，中小银行在开展关系型贷款上具有优势。DeYong Hunter 和 Udell（2004）认为，银行规模、信息类型以及产品标准化程度之间往往存在着内在的联系，小银行擅长运用软信息提供个性化产品以塑造自身特色，而大银行适合运用硬信息生产标准化产品以达到规模经济，这也说明小银行具有关系型贷款的优势。

Berger、Demsetz 和 Strahan（1999）则运用层级控制理论认为，随着组织规模的扩大，将发生层级间的控制损失。为避免控制损失，规模大、层级多的大银行倾向于建立一个能够在整个组织中被遵守的、明晰一致的信贷规则以发放交易型贷款，而组织结构相对简单的银行则能够发放可由信贷人员灵活处理的关系型贷款。但是，如果同一家银行被要求同时提供交易型贷款和关系型贷款服务时，这将可能使银行面临放贷成本的增加和经营的范围不经济（Scope Diseconomy），因而，即使中小企业关系型贷款的预计净现值为正，大银行也可能会减少或拒绝对中小企业的关系型贷款。

Berger 和 Udell（2002）则通过对不同规模和管理层级银行的代理问题分析后认为，关系型贷款的实施依赖于银行对企业软信息的长期收集和积累，而软信息的获取则依赖于银行基层经理，由于软信息的模糊性和人格化特征，难以在组织结构复杂的大银行内部传递，关系型贷款的决策权必须下放给掌握着这些软信息的基层经理，这也不可避免地出现代理问题。他们进一步分析认为，代理问题的严重程度取决于银行规模及组织复杂程度。规模小、管理层次少的银行所面临的这一问题相对较轻；而委托代理链条长，科层结构复杂的大银行所面临的这一问题较为严重，因此小银行更具有关系型贷款优势。

Stein（2000）运用 GHM 理论（即控制权的安排影响激励）考察了不同组织形式的金融机构在有关投资项目的信息生产和资本有效配置方面的差异。他认为，大银行由于组织结构和层级复杂，存在"组织规模不经济"（Organizational Scale Diseconomy）问题，因此当有关项目的信息是软信息且不易可靠传递时，一个小型的且单一管理层级的机构是比较占优势的，管理层次较少的扁平机构更适合处理软信息。作为对这一理论的实质性应用，他进而分析了银行业并购对中小企业贷款的影响。他的研究发现，由于小银行在对中小企业贷款时具有收集和传递软信息等方面的优势，当银行业集中导致中小银行大量减少时，就会导致银行对中小企业贷款的显著减少，这种减少恰恰反映了中小银行对中小企业贷款的优势。

与 Stein（2000）强调控制权激励效应不同，Brickey、Linck 和 Smith（2003）则强调了所有权激励效应，但无论强调哪一方面，我们都发现小银行具有优势。Brickey 等人认为，社区银行在对小企业的关系型贷款上的比较优势源自所有权激励。为了使基层信贷经理更有效地收集和处理软信息，基层必须被授予较大的决策权，但由此可能产生代理问题，为了控制代理问题，一种可行的办法是同时给予其较多的所有权份额。与大银行相比，社区银行所有权结构一般具有集中性的特征，社区银行的基层经理一般可以得到更好的所有权激励，因此他们会付出较多努力来收集软信息，并会以与股东目标基本一致的方式来使用这些信息。

张捷（2002）对 Berger 等学者的实证研究所发现的一些重要事实做了总结：（1）大银行的贷款对象主要是较大的或拥有较好财务记录的企业，小银行则更多地贷款给财务记录不完备的企业。（2）银行规模与申请贷款企业的规模以及贷款额之间存在着强的正相关关系。（3）企业离所交易银行营业部之间的空间距离和银行的规模正相关。（4）大银行与企业之间的交易较少采用面对面的人际接触形式，更多地使用信函和电话等通讯手段。（5）银企融资关系的持续时间与银行规模负相关，即小银行与客户之间拥有更加长期专一的交易关系，大银行的客户则具有更大的流动性。（6）在缺少小银行的地区，被迫选择向大银行贷款的中小企业面临着更大的信贷约束。

3.6.3　关系型贷款及小银行优势论面临的挑战

关系型贷款理论和小银行优势论随着信息技术的发展以及金融体系竞争的加剧也面临着一定的挑战。

Petersen 和 Rajan（2000）认为，随着信息处理和传输技术的进步，银行越来越依赖非个人化的渠道获取企业的信息，距离在获取企业信息方面的作用越来越不重要。他们认为，信息技术的进步使得获取中小企业的信用状况和信用记录更容易、更及时，引致了如信用评级机构之类的专业化的信息中介的扩张，这些机构依托信息技术采集、存储和加工众多企业的信息并高效地传递给贷款机构，显然这种传递并不依赖于地理上的亲近性。由此，远距离的贷款人虽可能不拥有较多的关于借款人的软信息，但技术的进步使其可以及时拥有更多的关于借款人贷款可行性的硬信息，从而为远距离提供贷款创造了条件，这样必然弱化了距离对信贷行为的影响。

　　Basset 和 Brady（2001）从金融体系竞争的角度指出，自 20 世纪 80 年代中叶以来，来自"并行银行体系"（Parallel Banking System）不断加剧的竞争，可能削弱小银行的竞争地位。在资产负债表的负债方，银行要与股票、债券和货币市场共同基金一同竞争存款。尽管共同基金与各种规模的银行构成竞争关系，但由于小银行较大银行在负债上更为依赖于存款，从而可能给社区银行带来更大的竞争挑战。同时，对投资者来讲，共同基金可能比银行存款更有吸引力。另外，货币市场基金大约 1/3 的资产持有的是金融公司（Finance Company）所发行的商业票据，而金融公司反过来又在消费信贷和企业设备融资领域与银行进行竞争。同样，这些领域对小银行来说较大银行更为重要。

　　在实证研究方面，Jayaratne 和 Wolken（1999）通过使用 1993 年美国小企业贷款数据进行了实证检验。他们发现，某一地区较少的小银行数量与该地区小企业贷款约束状况在短期内可能存在某种联系，但在长期并不存在相关性。他们由此对"小银行优势论"提出了异议，但他们没有给出有说服力的相关理论解释。

3.6.4　简要评述

　　基于上述国内外对社区银行的研究，可以明确的是，社区银行与传统大型商业银行发挥着各自的作用。与大型商业银行相比，中小型银行具备直接向中小微企业开展关系型贷款的优势，即中小银行通过关系型贷款能够有效节约商业银行向中小银行融资中的交易费用。殷孟波、翁舟杰（2007）认为，虽然国内一些研究学者依据西方国家目前的金融经济发展水平和技术沟通发展的实际情况对关系型贷款及小微商业银行优势理论提出了一些异议，但是，如果中小微企业自身的运营特征和商业本质没有发生根本性变动，则中小银行必然可以借助在处理软信息的关系型贷款上的优势来找寻到其生存的空间。

　　当前，我国银行系统的机构规模相对失衡，大中型商业银行的占比远高于小型银行，而这种规模差异上的活力失衡则是造成中小企业融资贷款困难的重要原因之一。因此，殷孟波、翁舟杰（2007）认为，大力发展中小银行来释放民间金融融汇活力必然是一条能够缓解我国资本市场中普遍存在的中小企业贷款难问题的可行之道。同时，银行体系所有制结构单一亦是造成中小企业贷款难问题的重要原因。随着金融体制改革的不断深入，虽然银行体系的所有制结构已经较以往有了较大的改善，但国有银行独占鳌头的格局并没有发生根本性的改变。民营中小银行的发展必然有利于打破传统银行业的先天垄断，提升业间竞争水平和服务效率，进而构建一个多层级、高质量的现代化银行生态系统。这不仅有利于为中小企业拓宽融资渠道，降低准入门槛，缓解中小企业贷款难现状，同时也必然有利于引导民间金融资本合理合法进入银行业，降低民间资本等影子银行"地下融资"的潜在风险。

第4章
我国社区型银行发展概览

4.1 我国社区型银行发展的现状

我国社区型银行发展起步于 21 世纪初，当时主要是以建设新型村镇经济体为契机，立足于传统的农村信用社加以组织改造和模式创新。2003 年 8 月，我国正式启动了新一轮的农村信用社改革创新。试点工作在江苏、浙江等 8 个省份展开，改革内容主要集中在管理体制、产权制度等多个方面的探索调整。试点省份主要通过联社的形式展开新型组织架构创新实践，比较典型的有 2003 年宁波鄞县创建的第一个农村合作银行。随着改革深度的逐步深入，试点区域由最初的 8 个省增加到近 30 个省市地区。2005 年天津构建了省级的农村合作银行等，标志着我国新型社区银行已经实现了从概念雏形到成长实体的转变。这一时期的社区银行所普遍呈现出的特征：第一是独立自主，规模微小。2007 年的有关数据表明，全国社区银行或相应的组织机构的资产规模平均额度低于 16 亿元；第二是资本运营的区间界定在社区内部。此类银行在政府的政策支撑下取得了稳定的生存空间，资金来源于本地社区，又在社区内部实现良性运转。

早期的社区银行一般坐落在城镇或乡村等距离大城市相对较远的地区。以后一些大型商业银行也纷纷加入到"社区型银行"的实践探索当中，以城市中的大中型居民聚集区为基点，开始了城市化"社区型银行"的实践。2010年以来，包括兴业银行、广发银行、民生银行等多家股份制商业银行陆续开始围绕城市社区展开社区银行的铺垫试点工作。2013 年，民生银行更是将"社区金融"纳入银行整体战略布局的商业生态当中，而这则是继"小微金融"

战略导向后的又一战略举措。①

2013 年 7 月以来，在普惠式金融浪潮席卷国内金融体系的大环境下，金融消费群体开始陆续向社区聚集，上海、深圳、江苏等多地银监局陆续下发了关于社区型商业银行发展的指导意见及发展规划纲要。越来越多的地区商业银行积极响应并灵活调整了经营模式，稳步推进社区金融服务，将更多的营业网点和金融服务向基层消费群体延伸，快速调整业务结构，社区银行的建设浪潮席卷当下。其间，出现了以下几类颇有代表性的社区银行新型模式：②

1. 以上海农商银行为代表的金融便利店

上海农商银行在国内社区银行服务模式的探索实践系列中亦处于前列。它从 2003 年开始探索社区型银行建设。但真正开启社区型银行建设及大规模落地推广则起始于 2010 年。为稳健推进便民银行发展战略，上海农商银行从 2010 年 5 月开始，在上海本地推出首家金融便利店，实施"您下班，我营业"的服务策略，为社区个体提供延时服务。至 2012 年末，上海农商银行在上海本地区的金融便利服务店数量已经达到 100 家，按期实现 3 年内在全市开设 100 家金融便利店的目标。该模式建立在传统离行式自助银行的基础上，通过人工咨询服务和自助智能机器等渠道为客户提供零售性的金融服务。

上海农商银行的"金融便利店"主要是在大中型居住社区、郊区中心城镇等人口流量大、企业分布多、社区密度高的地带。提供的服务则包括商业信贷、存取款项、商业理财以及信用卡业务，并结合网上银行渠道，借助 ATM 与电话人工服务相结合，贯通自助银行、个人信贷服务中心、个人理财中心和业务营销中心四大核心板块，开创四位一体的全方位社区零售金融服务新格局。此外，上海农商银行还为社区居民和中小微企业提供专项订制的金融服务，比如推出"二手房贷款直通车"，通过与房地产中介合作，为银行客户提供房地产信息的免费公开、交易匹配，协助办理房产交易，并开展相对应的交易资金管理和信贷服务；推出"支票授信服务"，解决小微企业存款账户临时资金不足的问题。金融便利店成为上海农商银行零售和小微业务拓展的重要途径。与此同时，为了进一步强化金融便利店的管理运营，2010 年上海农商银行在个人金融部门下专门设立了金融便利店的管理服务部门，统筹全市金融便利店的运营与发展。

① 刘菁. 中美社区型银行定位与商业模式的比较研究 [D]. 上海交通大学，2014（5）.
② 陈一洪. 社区银行建设的美国经验、国内现状与发展 [J]. 武汉金融，2014（5）.

2. 以民生银行等为代表的分支机构前端服务

这类社区银行分支机构的服务前端实施主打草根型服务路线，一般只提供基础性的业务指导、银行卡业务、存取款等基本银行服务，是银行在当地分支机构的服务前端。实施这种服务模式的主要推动者是民生银行。它得益于监管范围的日益宽松，并迅速切入了民生草根金融服务市场，在北京、上海、广州等大型城市形成了燎原之势，在全国范围内铺开近 1 000 家金融服务店。这种金融便民店与传统意义上的营业网店有所差别，它们不仅添加了金融咨询功能，而且还加入了智能化功能，实现了"人机交互"。因此，此类社区银行是作为大型金融服务机构在当地社区的一种直达型民用对接渠道，吸纳储蓄存款及零售客户，迅速占领基层市场。这类银行是有限功能社区支行，在此网点可以受理商业信贷、金融理财、银行卡、网上银行等部分银行业务。

2013 年 12 月 16 日《中国银监会办公厅关于中小商业银行设立社区支行、小微支行有关事项的通知》（以下简称"通知"）（银监办发〔2013〕277 号）下发，"人机交互"简易便利化社区型银行模式受到严格规范。根据"通知"要求，"人机交互"的咨询型网点应当明确界定为社区支行或者小微支行，并且需要按照严格的行政规范执行相关手续。因而，最初部分的股份制银行机动设立的咨询型网点将遵守相关规范要求转型为功能性社区银行网点。

3. 天津农商银行"农村金融服务站"

天津农商银行作为天津地区开展金融支农工作的主要力量，积极探索地方特色信贷支农新模式，为解决偏远乡村由于交通不便引起的金融服务空白问题，天津农商银行于 2011 年 12 月启动"农村金融服务站"项目。由银行提供农村金融自助服务终端等配套金融设备及技术，由村委会、社区委员会选聘专人进行业务管理，在固定场所为客户提供办理多种现金及非现金业务。帮助广大村民足不出户即可享受到"零距离，全方位"的便捷服务。截至 2013 年 9 月末，天津农商银行已经在农村地区设立金融服务站超过 800 家。

4. 以龙江银行为代表的混合型社区型银行

龙江银行作为国内最早确定社区化发展模式的商业银行，也是混合型社区银行模式的先行者。截至 2013 年 11 月，龙江银行共计有各类社区银行网点133 家，占全部营业网点总量的 65.84%，其中全功能型社区银行网点共有 19家，限制功能型社区便利网点 114 家。经过近 10 年的探索和发展，"小龙人"社区银行品牌商标的注册和推广标志着龙江银行社区金融服务逐渐实现了品牌化运营。龙江银行下属的社区型银行涵盖了一系列金融服务和理财产品，除了传统商业银行所提供的存贷款、财务管理、费用结算代缴等业务外，还设立了包括代售车票、免费义诊等在内的增值服务。每个社区银行参照本区域内的具体消费模式及经济发展状况进行定性特色化设计。以差异化为出发点，围绕特色化、专业化及品牌化，龙江银行下属社区银行夯实精细化业务拓展基础。总行构建科学、客观的价值评价体系和精细化管理战略，定期对全行社区型银行网点开展星级考核，实施精细化、有梯度的管理运作模式；制定精细化服务管理办法，指导社区型银行恪守行业服务规范标准，强化精细化服务理念，提升金融服务质量。这类银行是全功能社区支行，在此网点可以办理现金存取、商业信贷、金融理财、银行卡、网上银行等一整套的银行业务。

4.2　我国社区型银行发展中的问题与困难

社区型银行中的小微银行的业务属于微型金融。在我国，微型金融在国家推广普惠金融的大潮中方兴未艾，还面临着诸多问题和困难，社区型银行中的小微银行也在其中。吕晔（2015）曾有如下分析①。

4.2.1　融资困境与政策限制

1. 小微金融机构的融资困境

在我国有关金融法律法规当中，规定小额贷款公司"只存不贷"，而其资金来源则主要是以内源性融资为主体。2013 年全国小额贷款公司包括实收资本、本年度利润等在内的自有资金新增 2 550 亿元，占所有资金来源新增量的93.3%，较上年度同期增加了 0.6%。村镇银行和农村资金互助组织则存在着"贷款容易存款难"的状况，吸收存款的能力相对较为薄弱。2013 年末，全国村镇银行本外币各项存款余额 4 614 亿元，仅占农村金融机构存款金额的3%左右，而此比例则与自身机构数量占比明显不符。这三类小微金融机构普遍存在着极为突出的资本供求矛盾。一方面，因为是刚建立的金融组织，它们的信誉度较之传统商业银行略显不足，另一方面，由于尚未加入央行电子汇划系统，这些机构的货币支付结算相对不畅通，跨行汇费昂贵，存款吸收能力较弱。由此，信贷资金短缺成为横亘在社区银行成长过程中的一大障碍。

2. 小微社区型银行的政策限制

针对小微社区型商业银行，银监会有明文规定不得进行异地放贷，尽管此

---

① 吕晔. 我国农村微型金融发展研究［D］. 中共中央党校，2015.5.

项规定在一定程度上能够有效控制因为盲目扩张而导致的信贷风险，且能够约束其贷款服务于本社区，但对于村镇银行、小额贷款公司和资金互助机构而言，此项规定对于其自身的创新发展都会产生一定的负面作用。此外，村镇银行作为当下我国大力发展的新型小微型金融机构，还依然存在着必须将银行业金融机构作为主发起人的准入门槛，这也致使众多民间资本无法注资其中而成为控股单位，无法顺畅地参与村镇银行的运营管理，而没有经营决策权就没有民间资本参与社区型银行经营的能动性和积极性。高层出台这一政策的出发点是好的，是为了有效控制金融风险，但如果监控过于严格则会在较大程度上限制包含村镇银行在内的小微型金融机构的发展。金融监管如何增加灵活性，在防范金融风险与促进金融创新之间取得均衡是一个值得深度思考的话题。

4.2.2　微型金融定价机制不合理

1. 不健全的信用环境导致定价依据不足

信用是金融交易生存与发展的根基。社区型银行需要在国家宏观政策的扶持下稳健发展，但作为以经营信用为主要担保内容的金融服务，信用环境建设进程却远远滞后，软硬件发展不均衡，全社会信用意识淡薄，商事信用法律法规不完善。在缺少抵押物的基础上发放信用贷款，致使款项违约率持续走高，信用风险不断加大，特别是对于小微社区银行而言，缺少必要的抵押物，单单凭借团体信贷的连带责任或者集体征信是难以有效杜绝信用风险的。信用记录的缺失致使商业信贷的操作流程趋于复杂化而效果则逆向于低质化，信用生态环境的不完善导致定价依据不足，难以科学客观地对小微社区的发展现状进行预判评估。

2. 传统的定价方法不科学

在中国目前的小微金融实践探索中，大多采用传统的定价模式，同时金融监管当局对微型金融机构的监管力度较大，利率管制普遍偏严，微型金融机构在利率定价上的自由化程度偏低，利率难以做到真正的市场化，使利率无法真实反映资金的供求情况，影响了小微金融机构的可持续发展。

（1）成本加成定价方法不完善

目前，中国小微社区银行的存贷款定价普遍采用传统的成本加成定价模式。此模式认为，金融机构贷款利率 R 主要包括以下四个部分：①筹集贷款资金的成本（资金成本率 $C1$）；②银行日常的营业成本（贷款费用率 $C2$）；③银行对贷款违约风险要求的补偿（风险补偿 $R1$）；④银行预期利润水准（目标收益率 $R2$）。此模式可用公式表示为：

贷款利率＝筹集贷款资金的成本＋银行的日常营业成本＋银行对贷款违约风险所要求的补偿＋银行预期利润水平

即：$R = C1 + C2 + R1 + R2$

此方法包含了金融业务的各项运营成本费用，简单易行，但也存在着些许落后之处，致使小微社区银行在实践应用中受到一定的约束。一是此方法是从成本角度出发，忽略了同行业竞争、客户诉求、市场利率水平变动等诸多因素对贷款价格的影响，在客户关系和市场占有水平上显得力不从心。随着我国利率市场化改革的深入，此方法的运用便失去了时效性。二是此方法对于成本核算的要求水平较高，且很多小微金融机构不管是从财务工作的组织方式还是从核算水平及财务数据资料的完整性方面都难以达到此类要求。三是此方法仅计算了成本和目标收益率，并未将通货膨胀率等综合因子加入其中，在实际的操作计算中容易致使小微社区银行的定价不客观。

（2）利率管制过严制约定价模式的创新

当下对于小微市场金融机构而言，央行要求其贷款利率能够在基准利率的2～3倍内灵活波动，部分取得政策优惠的小微金融组织机构能够在基准利率的4倍区间内波动，其他的都只能遵照商业贷款的基准利率来计算考量。此种利率水平较之国外小微金融机构是非常低的。但最高人民法院有明文规定，凡是超过金融机构同期、同档次基准利率4倍的为高利贷，不受法律的保护。在实践运作中，包含小微社区型银行在内的小微金融组织的贷款定价少有超出政策限制。根据2013年中国小额信贷机构竞争力发展水平报告数据，2013年我国竞争力百强小额贷款公司的贷款收益率平均为16.67%，较之2012年的17.32%有所下降。主要原因：一是部分小微社区型银行主体在实际的商业操作中采用了变通的方法，例如截留部分贷款作为信用保证金，并收取较高额度的手续费等，此类都属于是变相抬高了存贷款利率。二是大量小微企业急需获得信贷支持的资金需求在难以得到满足时，"病急乱投医"，地下钱庄乘虚而入，从而滋生了民间高利贷的喷井式涌现。高利贷的涌现主要归因于政策漏洞，究其根源在于利率没能实现完全的市场化。

4.2.3　微型金融监管体系不完善

在微型金融的监管层面，我国从法律法规、政策规范、监管模式等多个层面进行了众多探索，但从微型金融的发展现实及发展方向来看，相关监管制度依然欠缺。在当下，我国尚未形成专项支持小微金融发展的完善制度与法律生态系统，各类新型的金融机构立法和监督管理也大都处于一个试点的摸索阶段，有些还只是一种临时性的制度调控。此外，我国微型金融的监管链条超出限度，难以进行行之有效的监管；行业监管的统一标准也尚未确立，很不完善。

1. 微型金融监管立法滞后

2007年初，中国银监会发布了《村镇银行管理暂行规定》。当时虽然有了不少涉及微型金融的政策法规和行业规范，但大多为暂行的部门规章条例，甚至有一部分仅仅是规范性的文件，法律位阶较低，而且从整体而言较为零散。这些暂定的规章制度和意见办法尚都停留在对微型金融的临时性、非制度化的监督管理层面，缺乏完备的法律效力，难以承担起规范微型金融内部多元利益主体责任和权利的重任，亟须进行专项、严格、高阶的立法行动。只有适时加快微型金融立法速度，构建全面稳定的法律保障体系，才能约束包括微小社区银行在内的微型金融机构的机会主义行为，保护微型金融服务对象和小微企业主的自身利益。

2. 监管链条过长，基层监管资源不足

目前，我国金融管控的权力主要掌控在国家中央政府手中，有关监督管理部门借助各地力量设立外派机构来履行监管职责。银监会作为主要监管方之一，有着包含国家级、省级、市级和县级等多层级的立体化监管系统，监督管理的跨度较大。一方面，通过过长的监管链条来对分散的微型金融机构展开监督管理工作显得力不从心，必然致使信息传递的速度降低、难以动态化地分析处理随时出现的风险、监管漏洞等问题。另一方面，受微型金融的目标客户群性质所决定，我国的微型金融机构当前主要存在于县及乡镇一级，因而微型金融的监督重心还应当沉淀到最基层中去。

然而，从现有监管的配置模式来看，县域和乡镇的金融监管恰恰不足，难以适应微型金融机构数量新增和业务拓展所带来的挑战。如保险业与证券行业在县域经济环境当中缺少监管主体；银行业虽然在县域当中设有专项监管办事处，但监管人力资源有限，由于监管对象数量众多，而地域分布广而稀，原本就凸显不足的监管力量被先天摊薄。此外，受制于经验不足，监管机构对微型金融的监管基本是借助于传统的市场准入资格审查和现场、非现场检查等落后的手段，未能实时引进和构建起与我国微型金融发展现状相吻合的监管理念与管理措施。

3. 监管标准和要求有待完善

这主要反映在两个方面。一是部分的监管指标要求不明确。例如对微型金融机构的坏账冲销的标准及时间、对吸收存贷款的流动性管控要求等都缺少系统的明文规定；对微型金融机构的资本充足率也仅笼统地限制在不得低于8%，除此之外缺少明确的具体要求。二是部分监管指标和细则要求反而阻碍了微型金融机构的创新发展。比如，村镇银行的最大股东或唯一股东必须是银行金融机构组织，小额贷款公司转制设立村镇银行的前提是符合条件的银行业金融机构作为主要发起人，而且控股比例不得低于20%等。这些明文规定表明监管当局目前依然倾向于以传统商业银行的运作思路来拓展微型金融服务领域，而未能顾及具有特殊服务对象的微型金融在组织结构和业务模式上应该给予的创新发展空间。

4. 某些微型金融活动游离于监管之外

一些微型金融行为游走在法规监管之外，给社区银行的健康发展带来了持续性的负面冲击。原本作为一种对城乡正规金融缺失状态下的自发性补充，地下钱庄、投资咨询机构等民间金融主体普遍存在于金融疆界的外域，表现出充分的生命力。而这些民间金融组织具有信息对称、交易成本低廉、融资模式灵活机动等显著性优势，自身所开展的微型金融活动客观上为一部分小微企业及贷款个体提供了融资便利。但当下此类金融活动依然游走在法律监管之外，既没有明确的法律监管主体，也缺少行之有效的监督管理手段，致使在提供部分便捷性的同时，也夹杂着部分自发性、分散性、波动性、隐秘性等负面作用，也容易发生非法集资、高利转贷等违法犯罪行为，并且对地方性的金融安全稳定甚至社会秩序造成负面影响。如何扬长避短，更充分、更有效地发挥民间金融在促进我国中小微企业的多样化、多选择融资层面的积极作用，让金融"游击队"和金融"正规军"共生、和谐，着力强化对此类金融活动的监管与引导，目前已经成为金融监管部门所面临的一项极为迫切的任务。

4.3　我国社区型银行面临三大挑战和机遇

4.3.1　互联网金融带来的挑战与机遇

我国已经进入了互联网时代，"互联网＋"已经成为国家发展战略之一。互联网金融给我国社区型银行带来了挑战和机遇。赵革（2008）对此有如下研究。[①]

---

① 赵革. 中国社区型银行的制度分析［D］. 天津财经大学，2008.

1. 金融业在金融信息化中面临的挑战

自从我国进入信息时代以来，金融行业正在发生着天翻地覆的变化。第一是货币金融正在向数字化生态转变。实物货币逐渐被虚拟的"钱"所取代，巨额的资金完全可以由不同顺序的数字来进行表示。第二是金融业务生态正在向电子虚拟化转变。比如支票和现金的流通以及纸币凭证的传递交由电子数字网络去完成，安全且便捷。第三是金融机构服务网点逐步向网络化转变。一家网络银行往往只需要一台电脑就可以为目标客户提供全方位服务。第四是金融机构身份的模糊化。由于"互联网＋"的普及，致使具备先进互联网技术和广泛客户资源的非金融机构，也能够有机会参与到金融业务活动中来，例如网络小贷、股权众筹以及电子消费卡。第五是互联网极大地促进了全球金融的一体化和动态化。世界金融市场在互联网体系这个复杂的中枢神经系统的运作管理中打破了传统的时空界限，人们在世界各地都能够实现实时同步交易。第六是互联网促使金融信息的收集、整合和利用更加简洁准确。信息化时代使金融作为信息数据处理整合中心的能量更为强大。

2. 银行业在金融信息化中面临的挑战

由于互联网能够有效解决信息不对称的问题和促使交易成本产生革命性变动的降低，传统的银行运营模式遇到了严峻的挑战。第一是支付结算中心的领导地位在降低。传统商业银行结算支付，使得银行拥有了"过路资金"，进而获取了低成本筹集资金的先天优势。目前办理支付结算业务，能够以极快的速度实现全球范围内的传递，这使得有很多非银行金融组织能够独立完成支付结算。以前通过支付结算获取低成本资金募集的便利之处已经不再为银行所独有。更具有标志意义的是，互联网的广度发展不仅削弱了银行的结算功能，而且也在削弱传统商业银行的支付功能，因为信息技术的发展直接降低了支付结算行业的准入门槛。中国业已拥有了越来越多的第三方支付机构。第二是信息垄断的专项优势逐渐在传统行业中丧失。互联网传媒的发展进一步拓宽了信息扩散的渠道，致使传统银行失去了先发优势。投资者直接可以通过互联网了解和掌握项目基本信息以及实时进展情况，可以通过多层级的资本市场，投资者的资金能够直接向需求方流动，间接融资比重也就逐步降低，银行失去了"资金中介"的必要性，在社会融资的活动中被日趋边缘化。

3. 社区银行在互联网金融中面临的挑战

金融的信息化、网络化不仅从业态上对银行进行了再升级，更打破了银行间的竞争平衡，改变了一些银行自身独有的核心竞争优势。一部分商业银行借助互联网获取了原本属于其他竞争者的能力，进而增添了新的竞争手段；另一部分银行则是因为失去了对原本自身独有的竞争优势，进而丧失了部分的先天竞争优势。对于社区银行而言，在互联网金融袭来的过程当中，其失去的核心竞争力较之其他银行会更多一点。这集中体现在以下几个方面。

（1）互联网技术使"软信息"不再为社区银行独有

以前，社区型银行较之其他商业银行尤其是大型银行所独有的根本竞争优势在于所获得的对客户信息的软性拥有。众多社区及城乡居民因为缺少足够的"硬性信息"，长期无法获取大型商业银行的青睐，大型商业银行虽然可以去搜集、整合、处理"软信息"，但综合成本较高，进而为以"软信息"为主导的社区型银行留下了大型商业银行难以顾及的市场空间。然而，由于社会融资逐步由间接转向直接、中间业务亟须大力发展，大型银行业务向零售化转变，促使大银行不得不关注众多中小客户群体。然而，互联网的发展则成为了大银行向小客户群体提供专项服务的路径和桥梁，其中最关键的就是数据信息库的运用。借助数据信息库技术来实现低成本的资源收集和综合分析整合，包含"硬性信息"和"软性信息"。再借助数据整合挖掘技术，可以更低成本使分散化向集中化有序转变、使孤立静止向互联互通转变、使部分潜在的原始信息向精加工资料转变，进而为科学判断客户优劣提供了新的、及时有效的参考依据，为经营决策提供了更为强大完备的信息支持。

美国银行业经常使用一种商业信用积分系统 SBCS（Small Business Credit Scoring，SBCS），专门对低于 25 万美元额度的小额贷款进行专项评估。其基本的预审路径为：通过第三方私人资信机构所有的公开资信等级评估机构，从金融组织、商业债权人及其他路径获取信息，整合加工以后，将资信数据和记录提供给商业贷款机构。这个 SBCS 系统经常被大型商业银行使用。后来，因为该系统所独特的信息成本低、适应性强等结构化特点，小型银行也开始通过第三方组织机构进行信息的购买索取。因而，互联网技术的发展大大降低了美国社区银行相对于其他商业银行在"软信息"上的比较竞争优势。

（2）互联网技术使"关系型贷款"不再是社区银行的拳头产品

社区型银行与传统商业银行尤其是大型商业银行竞争的优势之二，是可以发放"关系型贷款"，而且还较为安全。目前，大型商业银行与其他非银行组织也都能够利用互联网技术逐步延伸到社区银行的"自留地"中，通过互联网来向客户特别是中青年客户提供优质的金融服务。他们的服务不仅仅是商业信贷，他们可以通过电话银行、手机银行、网上银行等渠道来帮助客户足不出户即可实现全天候、零距离账户的信息查询、资金转账、信息咨询、商品推介、投资理财等多元业务。尤其是网上银行的开通，大型商业银行基于网络就能够实现吸收小额客户存款，而且由于网上银行的运营成本较低，大银行能够提供性价比更高的存款利率，进而使社区银行失去更多的客户。

（3）互联网技术使办理业务"简明快捷"不再是社区银行的看家本领

社区型银行与其他商业银行相比尤其是大型商业银行的根本核心优势之三，是由于它的组织机构扁平化，能够为客户服务反应快、决策快、执行快。目前，大型商业银行也能利用互联网技术来大幅度提升自身的决策效率和办事速度。只要社会征信制度建立健全，基于大数据、云计算和垂直搜索引擎就可以在丰富、具体、精准的数据信息基础上，帮助银行做出客观科学的决策，使银行通过互联网把金融产品送达到社区客户手中。

4. 互联网技术给社区银行发展带来的机遇

随着互联网基础设施建设步伐的加快，互联网逐步实现了概念普及与技术下沉，重组了上下游产业业态与传统资源传输共享模式，提升了服务定位的深度与广度，对于传统金融行业而言更是如此。互联网的参与打通了资源供应商与诉求方的制度间隔，借助云计算与大数据实现了新服务桥梁的搭建，进一步缩短了关联方的交互距离。云端的虚拟化服务让传统商业银行从重资产运营当中解放出来。在基于移动终端的服务入口，客户能够随时随地实现金融理财与基础业务办理。常态化的互联网消费已培养出黏性的消费者群体，促使了经济单元核心竞争力的大幅度提升。

（1）互联网技术能够降低社区银行运营成本和提升服务效率

传统银行的业务延伸往往建立在物理化的基层服务网点的铺设与构建上，而单一的服务网点又往往需要配套的业务组合方能够实现业务的稳定跟进与优质服务，但由此衍生出的财务负担和运营压力也使得银行承担着新的运营压力与资本风险。而互联网则通过重构服务平台与业务准入门槛，简化了业务延伸的物理环节，借助虚拟网上银行、P2P 等云端平台来推进业务发展与金融服务。社区小微企业及居民通过移动终端即可进行基础业务办理和金融理财，能够有效打破传统金融服务的时空界限。银行与客户双向间的互通互联，促使社区银行开始向"轻资产，微运营"转型，宽进细出的客户流量模式造就了"小团队，精对接"的一体化服务业态，而这种新常态下量化运营生态，就能直接成就社区银行的服务低成本、轻便化。

取号排队是传统大银行惯常的业务办理流程，而网上银行等虚拟服务平台的出现，在实现客户分流、削减线下网点压力的同时，也促成了双轨服务质量的提升与内容的充实。常态化的业务处理留下了大量的关联客户信息与潜在消费数据，借助云计算对内存大数据进行量化分析，结合规整矩阵对客户进行特性分类与目标导航，对接与人员匹配，从而实现精准、快捷的服务，客户"一来即办，一触即发"，从而促成社区银行服务平民化、快捷化办事风格的成型。

（2）互联网技术能够助推社区银行共建智慧社区

随着新型城镇化建设，"智慧社区"是社区管理的一种新理念、大趋势。社区银行通过社区智能 IC 卡这个载体，整合社区周边资源以及金融 IC 卡的非金融运用，解决社区居民"最后一公里"内的服务需求。社区银行通过打通社区管理主体后台的关系，借助云储蓄系统来整合社区零散社群信息，围绕社区主体建设目标，构建社区生活社交圈，将金融服务作为引流载体，贯通社区内部生态，塑造以社区金融服务为载体的智慧社区。具体来讲，社区银行可以基于网络云服务平台，构建智能社区线上线下互通的商业模式，形成一套综合物业、住户、商家、银行等多项功能的智能化社区服务体系，为客户提供金融及非金融的综合性、定制化的一站式社区金融与商务服务。同时，能够提升社区银行对社区物业服务水平，打造银行和客户共同成长的生态环境。

（3）互联网技术能够助力社区银行重构银行运营模式

社区银行能够利用互联网独特的跨界、整合及辐射优势，将线下资源与线上平台相结合，打造全新的运营模式。

第一，从渠道向平台延伸。重构线下社区服务网点，开辟网上服务新通道，通过客户引流和服务分轨，将线上线下资源进行重组，通过共享客户信息与交易数据来同步双向业务进程，实现业务交叉办理。相对独立的银行网点，借助网上银行、手机银行等线上虚拟渠道进行垂直扩散，实现全方位业务覆盖与客户定位，通过产品营销与媒介传递优良品牌资源，整合搭建连接客户及银行内外部产品的开放平台，形成利益共享、深度协作、交叉销售的多边网络体系。发挥平台资源规模优势，通过业务的互相渗透释放社区银行的交叉销售能力。

第二，从产品中心向客户核心转变。传统银行多是围绕基础业务推销自己的产品，商事主体及个体消费者基本上是被动接受既定的格式化金融服务，客户消费的情感因素及差异化风格则完全被银行忽略。而社区银行能够通过互联网技术，深度挖掘客户消费信息及征信数据，对消费者进行定向的行为研究、偏好评估及风险控制，根据客户需求来优化流程、提升服务和设计产品，实现客户先天消费与金融后天价值的纵深联姻。

第三，从产品同质化向个性化转变。社区银行未来面对的是各类的客户、海量的信息和多样的诉求，其个性化、精细化管理要求远高于传统商业银行。

传统银行的同质化金融产品远远不能满足未来客户的多样化需求。社区银行如果树立起数据即资产的理念，通过大数据技术详细记录社区银行每个环节的客户行为。在此基础上，根据客户整个生命周期的不同阶段，以及在不同阶段的不同需求，不断设计创新出新产品，为客户提供金融及非金融的定制化、系统化的一站式服务，就能满足社区居民、农村村民和中小微企业各种各样的金融消费需求。

例如，深圳前海微众银行是我国第一家互联网民营银行，2014 年 7 月 25 日被正式批准筹建。2015 年 1 月 4 日，李克强总理在深圳前海微众银行敲下了这家银行的第一个发放贷款的回车键，卡车司机徐军一秒钟就拿到了 3.5 万元贷款。该银行既无营业网点，也无营业柜台，更无须财产担保，而是通过人脸识别技术和大数据信用评级发放贷款。

4.3.2 大银行零售战略给社区银行带来的挑战与机遇

随着社会经济的发展，个人财富的爆炸式增长促使个人金融服务需求大幅度增加，资本市场的迅速发展则使得商业银行面临着资本"脱媒"的严峻挑战。在这"一增一压"的影响下，零售银行业务已经成为商业银行发展的重点领域和利润增长的主要源头。银行零售业务是以私人和中小企业作为服务对象，是包括存款储蓄、商业信贷、投资理财、代理管控、金融顾问等多方面业务的统称。相对于批发业务而言，零售业务具备单笔业务数量额度低、业务数量大、风险系数高、收入稳定等一系列特点。我国大型商业银行积极进行零售业务的战略布局，如中国工商银行甚至提出了"建设全国最大的零售银行"的口号。而这则无疑会对以零售业务为核心的社区型银行产生巨大的影响。赵革（2008）提出了以下观点。[①]

1. 大银行业务零售化给社区银行带来挑战

（1）社区银行零售市场份额降低

大银行和一些大型非金融机构一般都具有巨额的资产、更先进的金融技术和分布广泛的经营网点，决定了他们一旦进入零售市场就会充分利用其网络优势和规模成本优势去争夺市场份额。由于有互联网技术的支持，大银行和一些大型非银行金融机构也把零售业务顺利而迅速地延伸到了偏安一隅的社区和乡村，必然导致社区银行市场份额的下降。以美国社区银行为例，1985—2003年，美国银行业总资产由近 4 万亿美元增加到 9 万多亿美元，增长 127%。其

---

① 赵革. 中国社区型银行的制度分析［D］. 天津财经大学，2008.

中，25 强银行持有的资产增加了 367%，市场份额由 28% 提高到 58%；同期，社区银行的资产额仅增加了 19%，行业份额从 26% 下降到 14%。社区银行损失的资产份额主要是消费者信贷和住宅抵押贷款份额的大幅下降。1985—2003 年，美国社区银行贷款份额损失最大的分别有：消费者信贷的份额由 28.7% 下降到 8.4%，住宅抵押贷款由 37% 下降到 14% 多，家庭房地产贷款由 27% 下降到 16% 多，国内工商业贷款由 21% 下降到 13% 多。

（2）社区银行的高端客户不断流失

众所周知，"二八定律" 是 20% 的高端客户能够为银行带来超过 80% 的利润收入，因此高端客户成为了各家商业银行全力争抢的目标。高端客户往往需要银行主动提供一系列的定制化服务，为其提供量身定制的理财方案和投资建议。商业银行除了需要提供股票、证券、基金、外汇、贵金属、期货等投资咨询以及子女教育、不动产安排、养老计划、私人收藏等趋于高端化的转移建议外，还需要根据不同客户的具体诉求反馈来制定更差异化的投资组合，进而从真正意义上践行 "私人银行"。大银行不但具有经营网点广泛分布的优势，而且能够向客户提供及时准确的差异化服务，致使大银行在吸引高端客户方面占据绝对优势。而且，大银行在金融零售战略上也主要是以大客户为主，使之能够在市场战略上更倾向于对高端客户的抢夺，进而减少了社区银行的高端消费用户。比如，招商银行发行的 "金葵花" 卡，其准入的门槛是需要持卡者在一家分行的同一账户存款余额不低于 50 万元。通过这 50 万元的起步门槛，招商银行早在 2003 年一年内就顺利构建起了面向高端客户的专项服务平台。其目前开办的私人银行业务，更是将服务对象定位为个人金融资产在人民币 1 000 万元以上的高端客户。与此相反，一些社区银行由于无法提供更高档次的产品和服务，在最近几年所发展的零售业务客户主要集中在中小规模客户群体上。

（3）社区银行的地域成本优势逐渐消失

以前，零售业务要求商业银行在地域区位上必须和客户保持近距离，需要银行构建分散且广泛的经营网点和数量庞大的专业销售团队。零售业务的主要特点就是客户分散、单笔交易金额小，单笔的营业利润较低。因此，在过去的发展过程中，受到网点布局及人工效率成本的约束，大型商业银行较之小型银行在零售业务上的成本管控落于下风。但是，随着互联网基础设施的日趋完善和信息技术的普及，商业银行开展零售业务的运营成本持续降低，社区银行在零售业务上的竞争优势也就日趋暗淡。第一，现代化的虚拟银行服务系统，随着自助柜员机、电话客服、网上银行的普及，大众对物理分支机构的实际诉求

不断降低。根据有关研究数据，美国传统分支机构所占比重从 1995 年的 56%
下降到 1998 年的 41%；而自动柜员机等自助服务系统由 28% 上升到 31%；电
话客户从 10% 增加到 15%；网上银行由 1% 提升至 6%。第二，电子商业银行
综合服务系统的运营管理成本也较之传统商业银行大幅度降低。美国一家咨询
机构的商业调查数据分析显示，办理一笔银行业务，通过分行方式办理的费用
是 1.07 美元，使用电话银行的费用是 0.54 美元，使用 ATM 进行办理的费用
是 0.27 美元，而使用网上银行进行办理仅需要 0.02 美元。经营成本的不断降
低，提高了大银行的成本管理和风险控制能力，进而降低了社区银行在零售业
务市场的优势。

2. 大银行零售市场给社区银行带来的机遇

尽管发展趋势如此，但也必须看到：金融零售市场的规模不断扩大也为社
区银行的运营发展创造了巨大的发展机遇。虽然大银行和社区银行在地区零售
市场上存在一定程度的竞争，但在综合性发展战略上依然存在较大的差异。De
Young、Hunter 和 Udell（2004）对社区银行与大银行之间的激烈竞争前景进
行了专业论述和理论分析。他们在回顾了过去 30 多年中社区银行在美国金融
市场中的地位变动后提出，虽然金融管控的放宽和数字技术的发展已经对社区
银行的传统优势造成了极大的侵蚀，但在对小微企业的关系型信贷这一特殊区
间，社区银行依然能够保持一定的竞争优势与发展潜力，并进一步提出，美国
的社区银行将会继续以大型全球化运营的银行和地域性商业银行共存为特征。
他们以策略图（strategic maps）的方式建立了一个理论框架来论证上述观点。
策略图是对银行业的 3 个基本变量（即银行规模、单位成本及产品差异化程
度）的高度形式化的描述。

基于这一金融生态框架，商业银行借助或高或低的单位成本与差异化产品
策略来制订与自身发展风格相匹配的差异化业务策略。在管制放宽和技术发展
发生变化之前，各种规模的银行之间在设计、生产、配送、销售服务等层面上
几近相同。此时，银行的规模不再是一种策略上的必经之路，而是由当地市场
的经济规模以及各州政府所持的差异化管制政策来决定的。管制的不断放松、
金融技术的不断革新以及同业竞争的日趋激烈，直接促使不同规模的银行出现
业务分化。大银行日趋壮大，由此带来规模经济和单位成本的直接降低，但也
逐渐使得其零售业务策略改变为供给量大、运营成本低、同质化严重的金融产
品；而社区银行继续盘踞在原先的战略区位，因其提供的差异化产品及个性化
服务，这使得其能够继续以较高的价格来保持较为合理的收益水平。那些不容
易被标准化的产品，虽然所占比重较低，但仍然是社区银行主要的份额。

此外，在信贷业务效率上，社区银行仍然具有十分显著的优势。大型商业银行往往需要数周的时间才能够完成全部的审核程序，社区银行在几天之内就可以迅捷地完成内容审核并发放贷款。在信贷市场当中，担保品不足的中小企业、个体商户、自然人贷款以及冗长的贷款审批手续永远都是大型银行的"软肋"，而这也正是社区银行可以充分发挥自身优势并实现市场占领的突破点所在。比如，中国工商银行的下属支行办理一笔20万元的个人住房抵押消费贷款业务一般需要包括房产中介评估、保险机构承保、报分行审批等程序，整个贷款流程下来至少三个星期，而农商银行却仅需要2~3天即可。

4.3.3　利率市场化带来的挑战与机遇

2014年江苏省银行业协会课题组有一份专题报告：《利率市场化对中小银行的影响》，比较客观而系统地分析了利率市场化给包括社区型银行在内的中小银行带来的挑战与机遇。其报告主要内容如下①。

1. 利率市场化给社区银行带来的挑战

（1）盈利模式风险

存贷款利息差的收窄，净利息的总占比降低。一方面，一些农商银行反映，有些大客户要求提高存款利率达到6%，否则将存款搬家，而这将直接加大银行的经营成本；一些银行在存款利率调整之后，存款的数量额度迅速提升，但受到当地人民银行的贷款额度限制，难以放贷，只能进行同业拆借，利润受到直接影响。另一方面，在目前经济下行的时段，企业的有效需求不足，银行盘活库存的拉力不足，而先期贷款的利息回收率又难以有效提升。

随着利率市场化改革步伐的加快，银行的存贷款利率可以参照基准利率上下浮动，各家商业银行的存贷款利息差都会受到一定的波及。比如常州江南银行的有关数据显示，2013年前三个季度的利息差为5.11%，较之2012年的同期下降了约14.26%；预计2013年全年的利息差水平为5.15%，较之2012年的同期大约下降11.97%。其他银行的利息差水平也大都出现了不同程度的降低（见表4-1）。同时，根据江苏各家中小银行的预测数据，如果未来存款利率的进一步放开，存贷款利息差将会进一步降低，如表4-2所示。

---

① 江苏省银行业协会课题组. 利率市场化对中小银行的影响［J］. 中国流通经济，2014（3）.

表 4 - 1　　　　　　　　　各中小银行息差水平　　　　　　单位：%

银行	2012 年前三个季度	2012 年全年	2013 年第一季度	2013 年上半年	2013 年前三个季度	2013 年全年（预测）
江苏银行	3.36	3.22	2.7	2.59	2.68	2.8
盱眙农商行	4.71	5.33	1.44	2.91	4.31	6
常州江南银行	5.96	5.85	4.83	4.87	5.11	5.15
民丰农商行	4.41	5.86	4.71	4.81	5.02	5
江都农商行	4.29	3.99	4.09	3.75	3.83	3.8
长江商业银行	3.98	4.05	4.01	3.99	3.96	4
苏州银行	4.43	4.64	3.59	3.88	4.05	3.93

表 4 - 2　　　　存款利率上升不同幅度对各中小银行息差水平影响　　　单位：%

银行	当前	上浮 20%	上浮 30%	上浮 50%	完全放开
江苏银行	2.68	2.63	2.61	2.58	2.47
盱眙农商行	4.31	3.99	3.87	3.6	3.47
常州江南银行	5.11	4.86	4.74	4.72	4.7
民丰农商行	5.02	4.77	4.65	4.4	4.65
江都农商行	3.83	3.5	3.25	2.75	2.5
长江商业银行	3.96	3.91	3.86	3.75	3.64

（2）利率风险

资本市场下的利率风险是指受到利率变动的影响而致使金融机构获益或损失的不确定。在利率市场化以后，利率风险成为了中小型商业银行所需要面对的主要风险。第一，定价风险的加大。随着利率定价自主性的放开，中小银行将会更多地暴露在利率波动的影响下，如何精确预判利率变动走势，科学合理地确定具备市场竞争力的利率水准，将成为中国中小商业银行的重要难题。第二，期限错配风险的增大。银行利率的下限制约着中小银行的净利差空间，中小银行资产负债期限错配的情况时有发生。不少的中小商业银行存贷款期限出现严重失衡，存款结构的定向趋势明显，而且短期贷款占据了全部贷款份额的大头。这表明中小银行的利率敏感性资产远远高于利率敏感性负债。第三，同业间业务利差空间趋向收窄。在利率市场化的推进和宏观稳健政策的双重加持下，同业业务逐渐转型升级为弥补商业银行存贷款利差息差的重要业务模块。各类别金融业务的相互兼容、渗透，同业间的竞争日益加剧，都在使银行同业业务的利差空间不断收窄。

（3）流动性风险

利率市场化致使利率水平的高低完全交由市场来决定，而市场资金的供给与需求将直接影响到企业和个人融资消费的基本需求以及商业银行的流动性水平。当居民和企业对未来利率看涨时，企业的贷款需求会持续提升，而居民的储蓄欲望则会受到压制，致使商业银行的预期资金来源缩减，诱发银行的流动性供给不足，导致流动性风险。反之，预期利率的下降将降低商业银行的流动性风险。同时，随着利率整体浮动空间的增大，银行流动性缺口的可控性将愈加难以揣摩，直接提升了金融机构可融出资金额度的波动性。对于存款规模较小、同业负债依存系数高的中小型银行而言，对头寸的管控难度会直接加大。此外，当银行存在资金缺口时，利率水平的变化将会对银行资产和负债产生直接影响，从而辐射到资产负债的流动水平。

（4）综合信用风险

初始信息的不对称直接加大了评估借款项目风险的难度。而利率市场化之后，如果商业银行盲目进行贷款利率的调高，往往会拒绝只愿承担低风险的借款人，因为面对高利率只有乐意接受高风险高回报的借款人才会接受借款，而这则十分容易导致逆向选择；同时，贷款高利率往往又会刺激借款人获取借款后从事潜在高风险的行为，引起道德风险。这将致使贷款项目的整体水平下滑，增加未来违约的潜在风险。

（5）同业间的恶性竞争加大运营风险

利率市场化之后，原本生存艰难的银行将会迎来新一轮的冲击与挑战。当金融机构的存款利率低于同行业价格而信贷资产利率却高于同行业价格时，优质顾客流失的风险会不断提升；而一旦金融机构的存款利率高于同行业水准时，而且其贷款利率略低于同行业水平时，银行又会承担利息损失。尤其是那些中小型商业银行为了能够满足行业的监管指标要求时，通过高成本来获取存款资源的恶性竞争风险就会出现。

（6）资本金补充来源风险

在传统的资本风险管控模式当中，进行资本充实的方式一般有两种：一是借助增资来扩大股本进而充实资本，二是通过留存收益的形式来补充资本。利率市场化之后，因为存贷净利差的缩减，短期内中小型商业银行的营业利润会逐渐降低。

同时，根据多家中小型商业银行的数据预测，如果今后存贷款利率进一步放开，商业银行的利润率水平会受到进一步的影响，各个中小型商业银行的利润空间将会被进一步压缩，具体的变动幅度如表4-3、表4-4所示。

表 4-3　　　存款利率上升不同幅度对各中小银行资本利润率的影响　　单位：%

银行	当前	上浮 20%	上浮 30%	上浮 50%	完全放开
江苏银行	20.77	16.17	14.78	12.02	3.85
盱眙农商行	6.63	3.2	2.5	1.5	0.5
常州江南银行	10.77	10	9.88	9.85	9.85
民丰农商行	19.07	12.51	11.61	9.81	11.61
江都农商行	35.06	30	25	15	10
长江商业银行	11.79	11.24	10.68	9.55	8.43

表 4-4　　　存款利率上升不同幅度对各中小银行资产利润率的影响　　单位：%

银行	当前	上浮 20%	上浮 30%	上浮 50%	完全放开
江苏银行	1.21	1.19	1.19	1.18	1.16
盱眙农商行	0.51	0.32	0.25	0.2	0.1
常州江南银行	0.68	0.6	0.58	0.56	0.56
民丰农商行	1.89	1.24	1.15	0.97	1.15
江都农商行	1.93	1.8	1.7	1.5	1.2
长江商业银行	0.96	0.91	0.87	0.77	0.65

2. 利率市场化给社区银行带来的机遇

（1）运营自主权会继续扩大

利率市场化之后，大环境下的社区银行获得了较大自主定价的议价权限，资金的价格能够极为有效地反映出资金的供应需求关系，进而能够有效推进运营结构优化与社会资源的高效率配置。一方面，能够充分将目标收益、经营成本、客户综合风险差异纳入到日常考量当中，进而明确不同的利率水准，执行高质量、优价格和适度风险以及差异化的价格策略；另一方面，能够实施积极主动的负债运营，持续优化债务结构，降低经营成本和营业负担。

（2）管理有望升级且金融产品持续创新

利率市场化后，由于市场当中的企业及个人对金融衍生品的产品期限、利率、风险程度、流动性等多种指标的需求程度存在差异性，从客观上促进了商业银行的金融衍生品创新，进而达到规避风险、提升利润空间且满足差异化客户消费需求的目的。

（3）银行运作机制日趋完善

由于受到业务规模、资本额度以及金融服务创新手段等因素的制约，中小型商业银行多是采用银团贷款的方式来展开竞争性合作。此外，利率市场化还会加快中小微商业银行的业务分化，加快小银行兼容整合节奏，促进金融机制和市场诉求的进一步并轨融合。

（4）服务理念持续优化，客户结构不断升级

利率市场化带来的是存贷款市场的资源重组。对于小型商业银行而言，完善业务内容并提升服务质量将成为今后发展的唯一选择。在负债运营层面，中小银行能够充分发挥其独特的优势，基于资金价格的差异性来吸引公众存款；在资产业务领域，挖掘重点客户资源对承担较大风险的客户进行利率补偿，进而推动商业银行客户结构的优化升级。

第5章

中美社区银行的比较分析

——以富国银行和民生银行为例

美国作为世界上经济金融最发达的国家之一，其社区银行系统足以成为世界典范。根据美国联邦存款保险公司网站提供的 6 900 家商业银行的数据信息，截至 2013 年 9 月 30 日，美国资产规模低于 100 亿美元的商业银行总数达到 6 791 家，总占比超过 98%，资产总额达到 2.85 万亿美元，所占比例达到 19.43%，平均规模为 4.2 亿美元。而恰恰是这些资产规模总占比低于 20% 的商业社区银行为美国 60% 的商业企业及社会个体提供了小额商业信贷。总的来说，社区银行作为新兴金融主体在美国金融系统当中扮演着无可替代的角色。三十多年来，伴随着美国的金融政策和资本趋向，这些社区型银行先后经历了以下三个发展阶段。[①]

第一阶段为 20 世纪 80 年代前。这一阶段的法规包括 McFadden Act (1927)、Q 条例、Glass – Steagal Act (1933) 等。这些政策规定：全美商业银行不得跨州设立业务分支机构、金融存贷款利率必须有限度、商业银行不得从事金融期货、股票证券承销及投融资，但商业银行能够在特定许可的经营区间内部从事专项存贷款、非现金交互等传统银行业务。因此这一时期也成为了美国社区银行的"黄金时代"。

第二阶段为 20 世纪 80 年代至 90 年代。这一时期，美国的金融及监管政策发生了转变。一方面，金融创新推动了管制放松。1986 年，美国全面实现利率市场化。利率市场化使美国众多社区银行面临息差下降的巨大压力，社区银行出现第一波倒闭潮。据 Cole R. A. 等 (1995) 的研究，1982—1992 年，美国共有 1 400 多家银行倒闭，其中 FDIC 以接管形式处理了超过 1 200 家商业

---

① 陈一洪. 社区银行建设的美国经验、国内现状与发展 [J]. 武汉金融，2014 (5).

银行、共计 220 多亿美元的资产。另一方面，技术创新推动大银行小额商业贷款的推广。大型商业银行可以低成本地介入小额贷款领域，直接挑战社区银行传统业务。在上述因素的共同作用下，美国社区银行数量较 1980 年末减少了 2 000 多家。

第三阶段为 20 世纪 90 年代至今。随着美国商业银行经营地域限制的打破，原先在一定区域经营的社区银行面临来自跨州银行的激烈竞争，社区银行经营环境发生了剧烈变化。而《金融服务现代化法案》的出台使大型银行可以通过设立金融控股公司从事证券承销及保险业务，通过综合经营平台的整合行销提升效益，同时大大提升了中小企业及家庭客户的金融服务黏度，社区银行的竞争优势进一步被削弱。在这种新的金融生态环境下，美国社区银行经历新一轮整合浪潮，社区银行的数量出现锐减，由 1990 年初的 11 000 多家下降至 2011 年末的 6 700 多家。然而，作为一个经营领域差异化、经营手段特色化的银行类型，社区银行在美国至今依然生机勃勃。经过历史的洗礼，社区银行虽然数量减少了，但是质量提高了，实力壮大了，竞争力增强了。

美国社区银行兴办最早、发展最好，因而具有典型性，能够给我们许多启发，有许多地方值得借鉴；但由于地域不同、文化不同、环境不同，我们又不能全盘照搬。刘菁（2014）以美国的社区银行典型——富国银行为例，对此进行了如下研究（见标题 5.1 ~ 5.7）①。

5.1　中美社区银行的界定比较

"社区银行"（community bank）概念来自美国，一般指的是地方性小型商业银行，其服务主体是规模较小、在一定区域内经营的中小企业或家庭中的居民。美联储从监管的角度界定资产规模低于 10 亿美元的银行为社区银行，资产规模在 10 亿美元到 50 亿美元之间的银行为区域型银行（regional bank）。按照美国独立社区银行协会（ICBA）的定位，社区银行指的是地方性小型银行，服务主体是资产规模小的中小企业或家庭居民。它在一定的地域内独立自主，产权明晰，支撑了地区内的金融体系，资产额在两百万美元以上，最高额可达几十亿美元。因此美国的社区银行通常是指区域性的小型商业银行。美国独立社区银行协会（ICBA）最新的统计数据显示，截至 2013 年 6 月美国社区

---

① 刘菁. 中美社区银行定位与商业模式的比较研究［D］. 上海交通大学，2014，5.

银行的总数达到 7 000 家，占美国银行总数的 2/3，其以存贷款、消费信贷和中小企业贷款作为主营业务。ICBA 的一项最新调研显示，美国的社区银行不再把信贷业务作为主要创收来源，而是更加侧重于通过金融服务和双向交流来与客户建立长期稳定的往来关系，围绕中间业务和投行业务双中心来构建新型创收驱动生态。

在我国的商业银行统一范畴当中，定位社区银行的学术理论依据也来源于美国，其分类标准主要是以美国社区银行的规模划分为参考。按照美国的标准，我国的四大国有商业银行和大型商业银行的整体规模均超过了社区银行的资产规模范畴。而村镇银行、农商银行等的资产规模则与之基本匹配，它们具有与社区银行高度相似的性质特点，例如能够多方吸收社会资本，多元化的股权结构并且可以进行匹配交易，以民营银行和高新技术为代表的小中型商业企业为主要服务对象。他们正在力求与当地的中小企业构建长期稳定的友好协作关系，为自身创造一个可持续发展的稳定环境。近些年来，随着我国城市化进程的加快，社会经济结构也在进行着相似幅度的结构优化和自我调整，城镇社区的数量和人口密度增长极其迅速，因而城市的管理中心也逐渐从"单位制"向"社群制"转变。"社区"一词在整个人类社交生活中的综合影响与作用日益凸显，有关社区经济和社群生态的研究课题也随之进入机构研究领域当中。同时，"社区银行"与"社区金融"的内容理念也逐渐被各大商业银行陆续加以充实和丰富，并被纳入到商业银行的城市金融服务生态当中，在新的时期被赋予了新的内涵。各地区的"社区银行"和"社区金融"也像雨后春笋一样迅速发展。同时，我国当前的金融资本市场的供需结构也存在一定的失衡，中高端的企业市场竞争激烈，而小微客户的金融服务市场则门可罗雀。因此，愈来愈多的商业银行开始涉足社区银行领域，并试图通过精确的市场定位与制度结构创新，为客户提供更加优质、便捷的增值服务。根据不同的客户群体定位，实现产品的差异化，进而满足客户的多元化需求。作为国内实施社区银行落地发展战略的商业银行急先锋，迄今为止，民生银行在社区银行的发展模式以及内容制度层面做出了许多价值颇高的创新，比如"最后一公里"营销、代收邮宝、代付物业费、提供多种定期优惠且便捷的支付转账服务等。通过这样一些接地气的便民举措，有效拉近与客户间的距离，实现了用心沟通的服务理念，进而实现了社区银行的长期稳健发展的战略目标。

赵志刚（2014）认为，社区银行并不是一个严格界定的地理概念，可以将其放大至省市，也可以将其缩放至单一的居民聚集区。社区银行虽然在学界一直都没有一个统一的定义标准，但它有两个显著性的特点：第一，资产的规模较小，第二，主要是为本地的中小企业和居民提供便捷的一站式服务，只有符合这两个条件才能够称为现实意义上的社区银行。因而，我国"社区银行"的定义属于宏观层面的社区银行范畴，没有简单地以资产规模来进行整齐划一的含义界定，而是在一定区域内向本地区居民及企业提供金融服务，立足于与本区域内客户构建长期稳定的协作共荣关系的商业银行都可以称为社区银行。

笔者认为，赵志刚的观点比较符合我国的实际情况。社区银行的界定恰如本书开篇所述，根据中国的实际情况，社区银行是指资产规模一定、服务区域一定、服务对象一定、主要为中小企业和个人提供服务的独立经营的金融机构。因为中国的社区型银行一方面是把中小微企业和广大的城乡居民作为主要的客户群体；另一方面"社区银行"的地域范围已经从一个具体的乡、镇、住宅小区逐步扩展为某一个城市商圈以及某一条产业链所覆盖的"地域"范畴。

5.2　中美社区银行的作用比较

美国社区银行从成立伊始就承担着为当地中小企业提供融资帮扶、为当地居民提供专业化理财服务、促进所在区域经济稳健发展的社会责任与主体功能。通过发展当地的经济，拉动本地就业，美国社区银行已经成为了全国经济体系当中不可或缺的一部分。一方面，美国社区银行创造就业契机，社区银行不仅自身可以带动一部分的就业机会，也可以通过帮扶当地中小企业来间接拉动当地就业。美国当下的 7 000 多家社区银行，覆盖了全国 24 000 多个地区，创造了近 30 万个就业机会；美国的社区银行多分布在小城镇、郊区和大城市的居民区，为全国将近 60% 的小微企业提供商业信贷支持。另一方面，美国社区银行对于中小企业的影响是不可或缺的。追源溯本，美国的社区银行自身也属于中小企业的范畴，因而社区银行较之大型商业银行更能够设身处地地理解中小企业的实际情况和金融贷款需求并合理评估贷款风险。而事实也确实证明，美国的社区银行已经成为了中小企业最重要的贷款渠道，本地区的居民、小型企业和农业社区是美国社区银行最重要的贷款服务对象。美国社区银行的资产总额和存款规模已经超过了 10 000 亿美元，贷款的总量也已经超过了 7 500 亿美元。社区银行向中小企业提供的贷款金额多半是处于 100 000 美元到 1 000 000 美元之间，能够基本满足中小企业的贷款需求。

与美国社区银行的格局有所不同，中国社区银行的兴起与发展，从国家整体层面来讲是为了缓解中小微企业的贷款融资难问题。对细化的金融机构而言，众多大型商业银行把"社区银行"视为能够扩展基层网点加快业务下沉的契机，在城市社区中来延伸银行的经营范围。一方面以城市商圈为基础来拓展中小企业贷款，另一方面将基层业务服务网点延伸至商业住宅社区当中。以民生银行为例，从 2013 年 6 月开始，民生银行就开始在全国基层社区开展"便民服务网点"落地活动，向社区居民提供金融咨询、理财组合等便民服务。此类"便民服务网点"既可以与传统意义上的银行支行相区分，又不同于自助型银行。

5.3 中美社区银行的压力比较

稳定的银企关系和单一的市场联系为美国的社区银行带来了众多机遇和发展资源，但挑战也相伴而生。美国社区银行面临的压力与挑战主要反映在三个方面：首先，由于社区银行需要紧密依附在整个社区组织之上，且资产的规模较低，因此更容易受到整个区域经济的连带性波动的影响，比如行业发展的放缓或者区域性的自然灾害的发生，都有可能对社区银行带来较大的资本压力甚至会引发破产后果。其次，基于"关系营销"构建起来的稳定银企关系，一方面便于银行更好地了解客户信用和资产现状，另一方面也会致使自己陷入到利益冲突当中，社区银行的"中间人"不仅要对社区银行自身负责，也要对服务企业负责。因而，当双方的利益趋于一致时，这种紧密的联系会更加容易去建立并加以维护。然而，当双方的利益出现冲突时，"中间人"往往会被动性地陷入到利益纠纷当中，甚至可能会导致出现非理性选择。再者，科技在数据信息化产品和信息传播领域的发展，以及大型商业银行在管理战略方面和金融衍生品的推广方面时刻都在进步，都在削弱社区银行的竞争优势。

与美国传统商业银行不同的是，中国社区银行从最初的发展起始期就要和大型的商业银行展开密集化竞争。国有银行已经在全国范围内构建起密集发达的银行服务网点，并且能够一直覆盖到基层乡镇，如中国农业银行。更为严峻的是，中国的社区银行发展起步要晚于美国社区银行，还没有来得及与本地的居民和企业构建起稳定和谐的紧密联系，国内银行也未具备美国社区所独有的先天植根优势。此外，外部的监管环境也增添了许多不确定的因素，因而中国社区银行的前进道路必然会充满未知与挑战。

5.4　中美社区银行市场定位比较

从 ICBA 在 2008 年的调查数据来看，美国社区银行的主要服务对象为乡村地区的个体群众，大约 71% 的社区银行把农村市场作为主要的发展目标；其次是城市的郊区，大约 41% 的社区银行将目标定位在城市的边缘地区，仅20% 的社区银行以城市作为其目标市场（2008，ICBA Community Bank Survey）。其主要原因是美国社区银行受到自身独特地理位置和资产规模的限制，其目标主要定位于国内市场，主要的客户群体也集中在区域内的中小客户，包含小企业主、农场主和中低收入群体。在美国，资产规模在 5 亿美元以下的银行（大多是社区银行）对中小企业的贷款占其总资产的比重达到 10% 以上，占中小企业贷款总额的比重达到 50% ~ 80%；而资产规模在 100 亿美元以上的大银行的上述比重分别为 2.3% 和 15.6%。这些数据表明，小微企业将社区银行作为主要贷款渠道。与花旗等大型金融机构的经营发展定位不同，富国银行从成立伊始，就主打"平民化的商业银行"口号，旨在为个人和小微企业提供全方位的金融服务，并未积极推进金融的全球化，主要目标依然定位于国内。在全美 20 个主要大城市当中，富国银行的占有率超过 30% 的城市有 9 个，超过20% 的城市有 16 个，超过 10% 的城市有 19 个之多。富国银行 97% 的银行资产和 98% 的企业员工都是在美国本土，外国分行仅有 8 家，外国贷款也仅占总资产的 5%。富国银行的发展战略长期且稳定，即坚持自身独特的"零售商"运营风格，也就是主动融入到社区的小微企业和个人客户当中，为其提供便捷丰富的金融服务。在收购美联银行后，富国银行成为了全国分销网络最广的商业银行，其一万多家分支机构深层沉淀到各乡镇社区当中，客户人数也超过了 7 000 万人，将近 1/3 的美国家庭都成为了其客户。此外，因为一般消费者的金融消费需求普遍为较强的刚性，因此受经济周期性冲击的影响相对有限，因而进一步为其永续经营提供了制度保障。目标市场的精确化是美国社区银行能够长期稳定发展的重要原因。通过差异化的发展竞争策略，美国的社区银行能够在服务片区、目标客户和业务领域内发挥其独特的优势，与大银行形成有效的联动感应，进而有效提升了自身的竞争实力，并获取了较广阔的发展空间。

在我国，民生银行 2008 年就定位于"小微银行"，以中国中小企业强大的资金需求为基础，开拓了中小企业贷款领域。刘菁（2014）认为，民生银行围绕着如批发市场等有形商圈、行业协会等无形商圈，把握产业链、供求链等，积极关注地域范畴内的散户，以此为策略集中行内资源为广大小微企业提供全面、专业化的综合金融服务。而民生银行的这种"差异化"定位也为企业资产的规模化增长产生了深远的影响。2013年9月末，民生银行小微贷款余额高达4 049.12亿元，同比增长27.75%；小微客户数达169.53万户，同比增长70.85%，各项业务指标均在同业中遥遥领先。民生银行"小微金融"的成功很重要的一个原因就是精准的市场定位。随着小微业务的长足发展，民生银行"小区金融"的构想也逐渐浮出水面，受益于中国庞大的居民数量和商品房市场在过去十年间的长足发展，社区逐渐成为城市中居民的主要活动范围和区域，而以社区为目标市场提供的金融配套解决方案尚属于空白地带。民生银行正是看到了这块市场的潜力，于是从2013年开始便将"社区银行"纳入到自己的战略版图之中，建设服务小区居民和中小企业"最后一公里"的"社区银行"。从2013年开始，民生银行就开始在全国范围内所开设的支行周边，以居民居住社区为支点来构建社区网点。以非金融服务为先发，将社区网点打造成为小区居民提供便捷、优质的服务平台。和富国银行相比，此时，民生银行定位的是服务于中小企业和个人客户的零售型社区银行。

笔者认为，在中国，定位于服务社区、服务农村、服务中小微企业的社区银行，除了民生银行还有其他几类。除去资产规模的参考指标，单就市场定位来说，目前主要有五大类：第一类是现存的社区银行，比如村镇银行等；第二类是衍生化的社区银行，比如国有商业银行和股份制商业银行逐步延伸到住宅小区的轻资产网点；第三类是经过股份制改造后的社区银行，比如各个城市的农商银行和城商行等；第四类是重组而来的社区银行，比如小额信贷公司、融资租赁公司和基金管理公司等进行联合重组后产生的社区银行；第五类是直接产生的社区银行，比如由混合资本或民间资本进行直接构建的社区银行。

5.5 中美社区银行营销策略比较

美国社区银行营销体系的核心是"关系营销"（relationship finance），就是建立和发展与客户之间的良好关系。西方早期的商业银行就是通过"关系营销"来经营借贷业务的。以19世纪初新英格兰中央银行为例，许多银行执行者把大把的资金贷给自己足够了解以及掌控的人群，比如说他们的亲戚、朋友以及商业伙伴。当时，银行信息系统非常初级，获取他人全面可靠信息的难度和成本都非常高。如今虽然信息技术的发展日新月异，信息获取成本越来越低，银行业务也逐步向系统化、数字化方向发展，各类评估体系以及评估方法盛行，但是"关系营销"依然是美国社区银行的核心竞争力所在。它们通过"关系营销"与客户建立长期稳定的关系，通过"关系营销"取得从其他渠道很难获得的"软信息"，包括客户群体的需求和偏好。相对于大银行管理层远离客户以及职员公事公办的做事方式，美国社区银行通过雇佣社区居民为员工，充分发挥员工与社区间千丝万缕的联系，甚至通过参与社区的各项事务，拉近与客户的距离，从而使得客户信息收集变得生活化以及关系化。美国社区银行在"关系营销"的基础上，产生了"关系借贷"。"关系借贷"是美国社区银行与本地区客户建立的长久稳定的合作关系，通过企业的过往借贷历史，持续对企业和客户提供持续性的融资服务。"关系营销"的另一个重要作用体现在交叉销售（Cross – selling）中。以"关系营销"为基础的交叉销售，既能够满足客户金融服务的多样性，又能够稳定客户基础；同时，还可从客户身上寻找更多的盈利机会。平均每个客户使用的产品和服务数量，被看做是衡量交叉销售的一项非常重要的业绩指标，以富国银行为例，2011 年，富国银行各地区该项指标的平均值约为 5.9 个，最高的地区甚至达到 7.4 个。

　　美国富国银行展开"关系营销"的渠道是自己遍及全国的"网点"，也称为"商店"（Store）。它们的"商店"就是一个个金融产品超市。这类超市经营范围包括房屋抵押贷款、商业贷款、财富管理、消费者金融、财富管理、保险等 80 多种金融业务，数百种产品，是名副其实的金融百货零售商店。通常是在超市里派驻网点，设立 ATM 等自助金融服务机器，提供开户、支票、转账等简单的金融服务，并且有一名专业客户经理提供面对面的咨询服务。虽然网点密度全美最高，但是富国银行通过网点选址和管理上的优化，成功实现效率和产能的提升，有效地摊薄了网点的建设成本。富国银行一个网点的服务客户平均为 3 600 家，而同行业平均水平则为 2 000 家。金融百货商店遍布美国50 多个州，共有 9 000 多家，远超同行。与此同时，富国银行有 2 240 万网上客户，730 万电话银行客户，多层次多渠道的分销网络成就了富国银行庞大的营销体系，这正与其面向小企业，面向个人的发展战略相契合。从金融百货商店的全面铺开，到庞大的销售队伍，为富国银行形成了一个巨大的客户群——每三个美国家庭里面，就有一个富国银行的客户。富国银行多数的营销活动是借助这些渠道以低成本进行的，比如电子及纸质邮件、电话银行、网络广告等。电子银行和网上银行客户分别达到 730 万美元以及 2 240 万美元之巨。

　　中国银行业也存在"关系营销"，但主要存在于大型银行与国有大中型企业、地方性支柱行业之间等，它们之间的银企关系是当年四大银行由于政策和历史的原因而垄断市场的结果，中小微型企业很难进入到大银行"关系营销"的名单中，社区银行就更没有份儿，这是一方面；另一方面，我国无论大中小银行在理解"关系营销"上有偏差。关系营销的本质其实是银行市场营销发展到高级阶段的产物，而非单纯的"金钱关系"，这跟当前某些银行利用请客送礼或给回扣等手段拉拢客户，无论是在手段上、目的上抑或社会效果上都有本质的区别。"拉关系""吃回扣"的方式并不能真正建立稳定的客户群，相反还会造成资源的极大浪费、客户关系异化，客户流失率普遍较高。另外，我国商业银行与消费者沟通的方式还比较单一，一般仅着眼于赠品、促销、折扣等方式的使用，靠这些"小恩小惠"，很难渗透到老百姓的偏好、需求和情感之中。

5.6 中美社区银行风险管理比较

在 1993 年前后，美国出现了针对小企业贷款申请人的"信贷打分"制度。通过对"软信息"（历史借贷数据）的挖掘和分析，银行各自制定了自己的信贷打分模型，通过对关键指标的运算，模型最终生成一个面向单一贷款人的分数，反映出贷款人的资质。利用地缘优势，美国社区银行对企业信息的获取更为便捷、直接。它们一般会综合考虑本地区的产业的周期性变化、产业类型、借款人的家族个人可自由支配的开支、历史、性格、品质等个性化因素决定贷款的额度和期限。通过信贷打分系统，贷款可以直接通过邮件电话申请，并且大多数贷款通过美国小企业协会发放，无需抵押，信用记录直接纳入小企业主的个人信用记录。流程里面最关键的记分卡主要包括的内容有企业所属行业，企业经营年限，银行信用记录，营业场所，业主和企业的存款、资产负债情况，审查这几个简单的指标来形成对企业的整体认识。通过对中小企业量身定制的信用打分系统，富国银行对中小企业的信用评估状况 2/3 以上都实现了自动化审批，这大幅度降低了发放小企业贷款的成本。贷款发放完毕后，银行会通过系统对贷款企业进行持续的跟踪和反馈。经过多年的业务服务，富国银行"企业通"的客户数超过 50 万人，授信和贷款的平均余额仅为 1.5 万美元，平均经营年限为 13 年，富国银行成为服务小微企业的典范。

这种风险管理机制本质上就是对客户"软信息"进行管理。从经营效益来看，银行股本回报率和资产收益率与资产规模的大小呈正相关关系，但美国的社区银行平均核心资本充足率实际上显著高于大银行，经营非常稳健。虽然各项收益指标与大银行差距明显。相关数据显示，自 1990 年以来，美国 92% 的社区银行盈利，超过 3/5 的社区银行取得了优秀的业绩。在金融风暴的袭击下，2008 年社区银行的核心资本充足率、股本回报率、资产回报率等指标均高于大银行。这正是美国社区银行获取的"软信息"在风险管理上的运用结果。美国社区银行以社区为依托，能够通过与中小企业、社区成员的长期交往有效地获取"软信息"，不仅以财务报表数据为依据，还考虑到家庭成员、资产状态、收支特征等个性化因素，解决了信息不对称的问题，为客户做出有效的定位与划分；降低逆向选择的可能性，增加了总体的业务量；同时根据收支记录、前景预测等进行个性化的定价和差异化的收费，使利润大幅度地增加。当然，由于软信息不能或难以量化，难以验证和传递，"软信息"贷款具有较强的主观性，信息的获取和管理难度较高，同时在管理上也具有一定难度。而大型银行，由于其分支机构众多，标准化的作业流程和量化的指标体系是其低成本以及风险管控的首选工具，这就成为大型银行难以进入中小微贷款领域的原因。

在我国，由于一些中小企业在财务方面操作不规范，信息不准确，很难提供真实的量化信息。而大银行在审批中小企业贷款时，往往注重对"硬信息"的考察，忽略中小企业的"软信息"，或者没有办法去获取小企业的"软信息"。"大企业风险小、小企业风险大"的陈旧观念仍然在我国商业银行中普遍存在。由于观念方面的陈腐，"软信息"的贷款倾向于央企、国企和其他大企业。由于商业银行贷款审批过分依赖"硬信息"，不重视或没有充足的"软信息"，大多数银行为中小企业提供了一两次贷款后就结束合作关系，而中小企业在申请贷款时较少与某一家或几家商业银行保持长期的借贷关系，经常更换贷款银行，银行也将很难稳定中小企业客户群体，很难为自身创造良好的经济效益。我国以国有商业银行为代表的商业银行在经营管理方面的关系是"委托—代理"关系，管理机制陈旧，表现在组织机构繁冗，信息沟通不灵，决策环节繁多，工作效率低下，运营成本增加；"软信息"不仅不充足，而且仅有的"软信息"在传递的过程中失真、失效，从而增加了贷款风险。

5.7　中美社区银行的核心业务比较

美国富国银行的核心业务为三大板块：社区银行（Community Banking）、

批发银行（Wholesale Banking）和财富管理（Wealth，Brokerage and Retirement）。社区银行的主要服务对象为零售客户和中小企业客户，为其提供全方位的投资、理财保险、信托、地产抵押贷款、产权估值等在内的一系列基础性服务。社区银行业务是富国银行收入的最主要渠道，总占比达到60%。批发银行专门负责本土及全球年收入超过200万美元的中大型商业客户，提供商业银行、投资银行、资本市场和商业证券投资、商业地产以及资产管理等多项服务。在富国银行的总收入当中总占比约为25%。而财富管理的主要服务对象为中端及高端客户，包含财务规划、私人银行、投资管理和信托计划等。2011年的收入增幅超过28%，是三类银行业务当中增长速度最快的一部分。

据了解，20世纪80年代，为了有效顺应利率市场化改革，富国银行毅然选择了一条区别于美国其他大型商业银行的发展路径。摩根大通、花旗银行等众多老牌大型商业银行将投行业务作为战略重点，大力发展投资和中间服务业务，然而富国银行却恪守传统商业银行业务，通过主打错位战略来保持市场优势。富国银行的核心金融业务构成使得自身的净利息营收占比一直可以保持在50%以上。

在2008年美国次贷危机发生前夕，当其他金融机构普遍降低房地产信贷发放门槛，加大与房地产抵押及相关衍生期权等复杂衍生品投资的同时，富国银行却审时度势明确放弃了次贷市场，专注于社区银行、批发业务、财富管理三大核心业务的开发与发展，并且严格恪守执行国际风险评判标准，严控信贷质量和数量。为了防止信贷危机的发生，富国银行在次级房贷市场中制定了全方位的退出策略。富国银行在抵押贷款方面审核严格，操作谨慎，不向评分较低、可信度不高企业的提供贷款，不参与高杠杆金融业务。从2004年开始，富国银行先后卖掉了大量的现货抵押贷款，进而失去了大量的抵押信贷市场份额，在后来的次贷危机当中有效避开了经营风险，使自身的金融业务得到了长足的发展。富国银行所持有的抵押贷款支持证券增长率不高，同时私人服务部的抵押信贷支持证券则日趋减少。

富国银行的小企业信贷业务主要采用双轨产品线模式：一个是"企业通"（Business Direct），另一个是企业银行（Business Banking）。"企业通"的主要目标客户是小型商业企业，而企业银行的主要服务目标客户则是中型客户。富国银行于1995年率先发放小企业贷款，服务的主要内容是向年销售额低于200万美元的企业发放不超过10万美元的贷款、信用卡等，这在美国属于首例。富国银行通过大量的研究分析，将中小企业的需求加以定位、结合客户的主要特点，对于一定的客户群体展开不同层次的营销工作。"企业通"（Business Direct）的贷款上限为 10 万美元，客户年销售额小于 200 万美元；小企业银行（Business Banking）贷款上限为 100 万美元或更高，客户年销售额为 200 万～2 000 万美元。据刘菁（2014）介绍，富国银行在处理小微企业商务客户时，主要采用网点分支机构和客户经理专项服务等手段。通过全面的均衡行业前景和场所的凝聚力，掌控组织运营的年限、存款的余额、应收未收金额等来科学分析企业的信用度、企业的综合资产和负债等，将其嵌入相应的权重；通过综合评分的形式来对贷款申请者进行专项评估，基于严谨的辨识，采取优胜劣汰的原则，自动匹配申请者；如果需要进一步的审核，则需要采取不同的房贷政策，进而严格控制其信贷风险。对于自动申请通过的客户，通过邮件、电话或者分行的柜台就能够直接发放贷款，不需要客户经理专门过手。但如果微贷的金额低于 10 万美元，则可以基于工厂化的流水线操作来完成相应的审批、管理，同时辅之以商业信用卡的形式；为了方便客户，富国银行提供连续不间断的 24 小时电话服务。

金融零售业务是我国社区银行的主营业务，比如在中国民生银行。民生银行在服务中小微金融企业时主要依存于六大基点：（1）有效分散风险。设置单项贷款最高限额，将其控制在 100 万元到 150 万元之间；（2）注重整体风险。结合专业数据优势对行业进行指向性分析，运用大数定律的理论来预测小微企业风险；（3）量化风险控制。也就是通过贷款定价来把控风险；（4）运营管理规范化。经营工作专业化、标准化；（5）实行规模扩张。以批量化、建制化的客户群开发系统，运用"团体贷款"，采用联保和互保，将商圈、区域产业集群和产业链进行统一整合开发和整体授信；（6）坚持效率优先，适应小微企业独特的资本消费贷款诉求，有的放矢地组建小微信贷服务部。

5.8　中美社区银行法规政策环境比较

为了支持社区和社区金融机构的生存和发展，美国先后出台了一系列法律法规，其中最为著名的是 CRA《社区再投资法》（1977—2009 年）。该法规定：（1）凡受监管机构"有持续和责无旁贷的责任"去满足整个社区的信贷需求，包括中低收入社区和借款人的信贷需求；（2）美联储等四个联邦金融监管机构对其履行 CRA 义务情况进行考核，主要内容有贷款、服务、投资三个方面，其中贷款必须达到"满意"以上等级，才有资格申请设立分支机构和开展兼并、收购业务。CRA 颁布 30 年以来，不断从实践中吸取经验和教训，经历了多次修改，以适应不断变化的金融环境。（1）1989年要求公开披露机构CRA等级和评估情况，将评估结果范围四个等级并且将贷款申请人的民族、种族、性别和收入等基本情况纳入《房屋抵押贷款披露法》（HMDA）的数据库中。（2）1992年要求房地美和房利美——两家政府支持的企业，购买CRA资产并部分证券化，以增加这类贷款的流动性。（3）1994年明确了银行若想跨州设立分行，要以较高的CRA评级来获取监管部门的批准。（4）1995年修订CRA考核过程使之更加客观，要求以业绩为导向；依据资产规模划分机构类型，针对不同机构确立的四个考核模式，而且沿用至今。（5）1999年将存款机构CRA考核结果作为其申请设立金融控股公司、开展新的金融业务的条件；要求披露金融机构与社区组织谈判达成的CRA协议；降低小银行CRA考核的频率。（6）2005年提高了小银行资产门槛，适用简化考核程序；小银行中新增"中小银行"类别，适用贷款考核和社区开发考核；明确歧视、非法及欺骗性贷款的做法将对被监管者CRA评估产生负面影响。（7）2008年将金融机构发放的低成本教育贷款纳入机构CRA评级考核范围。[①]

2009年3月12日国会议员Johnson向美国众议院金融服务委员会提交了最新的《2009年社区再投资现代化法案》，其主要内容有：（1）拓展评估区域概念，规定机构通过经纪商发放贷款也应包括在评估区内接受考核；增加考核业务类型，要包括针对少数种族社区的贷款和服务。（2）如果对种族的信贷行为对社区或居民有负面影响，贷款机构在评级过程中将会受到惩罚。（3）扩大法案的适用范围，涵盖各种非银行机构，包括独立抵押公司、信用社、银行的抵押公司附属机构，保险公司以及证券公司。（4）完善数据披露，有关数据披露规定应包括小企业贷款中企业主的性别和种族内容，存款账户数据等；建立新的贷款数据库，追踪贷款的止赎和调整情况。法案还要求联邦监管机构在银行并购时召开更多的听证会。[②]

对比之下，目前我国还没有专门针对社区和社区金融机构的法律法规，社区银行如何发展还比较茫然；同时监管的失位，使一些已经具备或初步具备社区银行特征的业务活动在合法、合规、合理之间左摇右摆。

---

① http：//wenku. baidu. com/hyczsd2009.

② http：//wenku. baidu. com/hyczsd2009.

5.9　美国社区银行发展的若干启示

通过上述比较可以看出，中美社区银行在不同的文化背景和经济环境下从产生到发展都经历了不同的轨迹和历练。美国社区银行的实践和经验对中国的社区银行的发展具有以下启示和借鉴。

1. 以"差异化"经营凸显自我竞争优势

所谓"差异化"经营，就是经营的内容和方式的独特之处。对照美国富国银行，我国的社区型银行"差异化"经营应该有三个独特：①要有独特的经营理念：一是普惠、草根。社区银行的使命担当，就是成为推广普惠金融的倡导者和实践者，就是金融服务惠及社区和农村的"草根银行"；二是扬长、补短。大银行有大银行的做法，小银行有小银行的套路。社区银行不必因"小"而自惭形秽，而应该以自身的大银行不可替代的比较优势而自豪。社区银行要努力挖掘和发挥自身定位优势、发展地域优势、集中经营优势和灵活高效优势，补足盈利能力不强和抗御风险能力不强的短处。②要有独特的市场定位。我国社区银行的服务对象主要就是社区居民、农村农民和中小微企业。而这些社会群体就是大型银行无暇顾及或不屑一顾的受众对象，并且这些需要金融服务的对象数量很大。③要有独特的经营手段：深耕社区，水乳交融。例如社区银行的员工就在社区居民中招聘；又如对客户进行"交叉销售"和"体验式销售"；再如为客户提供"你下班，我上班"的延时服务，等等。

2. 以"关系营销"实现客户价值最大化

社区银行应以"关系营销"为基础实施"交叉销售"，以实现单一客户的最大价值为目标，最大限度地降低经营成本。为此，我国需要大力创新金融产品，能够为客户提供应有尽有的服务项目。目前，我国社区银行的金融产品的类别仍然比较单一，还远远不能适应社会需求，因而实施"交叉销售"还缺乏可操作性。未来可向客户进行交叉销售的金融产品除了传统的银行业务以外，还应包括证券、保险、信托、外汇、基金、租赁、理财等。

例如，平安银行 2013 年初的业务结构调整，针对自身银行和保险的混业经营优势，提出了"三步走"的战略，从对公业务逐步转型为零售业务为主，通过客户"迁徙"实现零售银行业务的发展和深化。2013 年，平安银行贸易融资、零售贷款余额同比增长 28.99% 和 35.61%；小微、信用卡和汽车融资类业务新增贷款占全行贷款增量的 59%。平安银行的业务结构调整推动了平安银行资产收益的提升。未来的社区银行可以利用自身网点和渠道优势，结合互联网技术的最新成果，与客户建立多层次的互动关系，创造优质的互动体验，从而建立起一套行之有效的"关系营销"体系，实现金融产品的交叉销售。①

3. 以"软信息"实现经营风险最小化

社区银行应建立以"软信息"管理为核心的贷款评分机制。富国银行小企业贷款的最大优势并非规模大小，而是其审核机制。虽然富国银行是美国中小企业的最大贷款者，但在它自身各业务中，小企业贷款总量的占比并不高。富国银行的小企业业务之所以闻名，真正的原因不在于规模，而在于成本低、效率高的信用评分机制，而这个机制的背后是富国银行拥有的"软信息"。在美国政府完善的小企业帮扶机制下，富国银行成功地建立了自己的数据平台，不仅实现了在一致的标准下自动、快捷的贷款审核发放，而且设定了风险的预警机制，通过系统的评估自动实现了业务向优质客户倾斜。因此，我国的社区银行在做传统的存款业务和贷款业务时，不要与大型银行竞争业务规模，而要更重视如何利用好自身获取"软信息"的优势，融入大数据时代的洪流，构建自身的风险评估及防范体系。

4. 以"共享"的服务理念发展与社区的关系

富国银行还把社区银行视为"命运共同体"和"利益共同体"。2012 年，富国银行慈善捐赠 19 500 个社区非营利项目，总计金额达到 3.16 亿美元，涉及社区发展、教育、文化艺术与人文项目、环境保护等，并通过社区发展贷款、投资项目帮助社区发展与繁荣，总金额达到 70 亿美元，较 2011 年增长 66.67%。除此之外，富国银行在 2012 年全年通过多种渠道向社区捐赠超过 8 000万美元的项目，志愿服务时间长达 150 万小时。而这也正是和社区实现水乳交融、为社区尽心服务，富国银行打下了为 1/3 美国个人及家庭金融服务的扎实基础。②

5. 以"法制化"的环境为社区银行发展保驾护航

在美国，法制化的经营环境为社区银行的发展创造了一个稳健发展的环境。①在联邦法律层面，美国 1864 年出台的《国际银行法》规定商业银行只能在单一的行政区域内经营；1927 年《麦克法登法》以联邦法律的形式强调了限制银行跨州经营的政策；1933 年的《银行法》中又一次明确银行不能跨

---

① 刘菁. 中美社区银行定位与商业模式的比较研究 [D]. 上海交通大学，2014.5.
② 陈一洪. 社区银行建设的美国经验、国内现状与发展 [J]. 武汉金融，2014（5）.

州经营的限制；虽然 20 世纪 80 年代的利率市场化、放松市场准入限制、解除跨州经营限制等措施使社区银行面临巨大挑战，但是美国在 1977 年又出台了《社区再投资法》，鼓励金融机构在经济不发达的地区发展业务，促进其向中小企业提供金融支持。②在存贷款保险方面，美国在 1933 年成立了联邦存款保险公司，并且要求全美将近 10 000 家银行和信贷存储机构加入存款保险，而这有效降低了客户存款的整体风险，提升了客户对包含社区银行在内的中小银行的信心。③在综合监管层面，美国社区银行的监督管理系统以政府监管机构为核心，将社区银行的内部控制作为业务基础，自律组织的自律监管为依托，中介组织的外界监管为补充，监督系统完备，为社区银行的顺利发展创造了安稳的发展环境。借鉴美国的发展经验，我国应当尽快构建助推社区银行健康、稳定、健全的法律法规和奖惩规则。①

① 何梅. 美国社区银行的经营特点及对我国的启示［J］. 西南金融，2013（1）.

第6章

我国社区型银行发展的新模式：
特征与创新

如本书开篇所述，中国经济发展出现了一个新常态，主要表现在发展速度要中高速平稳增长；发展结构需要优化升级，走内涵式发展之路；发展动力要依靠创新驱动。在这种与以往历史时期大不相同的大背景下，我国社区型银行发展面临的机遇与挑战也大不相同：那就是发展不求速度，但求质量；发展不搞外延式、粗放型，要走内涵式、集约型之路；发展不仅仅是模仿，更不是复制，而是靠创新驱动。我国社区型银行发展迫切需要建立一个目标明确、特征突出、重点得当、能适应新常态的发展模式，其包括发展理念、构建特征和创新重点三大基本方面。

村镇银行是我国社区型银行的典型代表。为了论述集中，本章以村镇银行为例，兼顾其他社区型金融机构，探讨我国社区型银行在新常态下创新发展的新模式。

近几年，我国农村金融整体上还是实现了大飞跃，但农村金融服务所存在的问题依然很突出，其主要表现在以下几个方面。

（1）服务网点少

近年来，电力、道路、医疗、教育等公共服务不断向农村延伸，但金融服务的网点却在不断减少，商业银行纷纷撤离农村，因为这里的利润率较低，甚至原来以面向农村为主的农信社，在改制成商业银行后也逐步离开农村，因而农村地区逐渐成为金融服务的盲点。

（2）农民贷款难

贷款门槛高，几乎都要求有抵押、质押或者保证。农民所拥有的固定资产本身就少，而目前农村产权、物权的归属问题还存在争议，农民难以提供有效的抵押。即使可提供抵押物也会因为贷款手续烦琐，评估繁杂、环节多、时间长等原因而难以适应农业生产周期短、时效高的特点；此外，农民的流动资产更缺乏，几乎不可能提供有价证券去质押；也很少有人能够找来第三方为其担保。多年来，农村贷款增速增量远赶不上农村存款的增速增量，最终银行存贷比例偏低，导致银行成了农村资金的"抽水机"，反而使农村地区资金短缺问题更加突出。

（3）支付汇兑不便捷

由于涉农业务的利润较少，甚至会亏本运行，农信社往往有心无力，有些农商行也不愿投入新的人力、财力、物力对原有网点进行硬件优化和服务提升。另外，面对农民们日常大量的金融服务需要，现有网点往往不能满足其需求。农民排长队在网店办业务的现象十分普遍，如果是在发放养老金、社保金等特定时点上，那等候时间将更加漫长，办一项业务要排上几个小时的队，农民普遍有很大的意见。同时银行收费项目繁多，也让农民叫苦不迭。

（4）业务品种单一

目前开设在农村地区的银行网点，大多以传统的存取款业务为主，很少有开展保险业务或中间业务的网点，几乎没有证券、投资银行业务，无法满足农民日益多样化的金融服务需求。

（5）金融政策和知识贫乏

由于金融服务网点较少且金融工作人员不足，在农村地区很难普及金融知识以及金融政策，农民普遍缺乏应有的风险防范知识和能力，这也给农民造成了潜在的风险和损失。

6.1　发展理念和发展原则

村镇银行建立发展新模式，目标就是要让村镇银行发展成为专注社区居民、农村村民和小微企业服务的现代化商业银行；而要达到这个目标，就必须首先要有适应新常态的发展理念和发展原则。

6.1.1　发展理念

村镇银行要牢固树立起创新、协调、绿色、开放、共享的发展新理念，积极参与国家开放型经济新体制构建，积极参与新型城镇化建设，积极实施创新驱动发展战略，牢牢把握新常态下经济金融发展的新特点、新规律，积极借鉴国外村镇银行的成功经验，紧密结合中国国情，一切从实际出发，发展新兴微金融，创新传统金融，做好特色微金融，促进普惠金融接入地气，深入人心，使村镇银行在服务民生大众和中小微企业的过程中不断壮大。

6.1.2 发展原则

（1）改革开路，创新驱动。村镇银行加强创新内生动力，全面开展金融创新，以改革创新驱动村镇银行实现突破性发展。

（2）政府引导，市场推动。充分发挥政府在统筹谋划、合理布局、科学引领等方面的作用，努力实现村镇银行市场配置金融资源。

（3）抓住重点，突出特色。各地村镇银行应从本社区的地理位置、功能分布、生活水平、民众状况等合理确定村镇银行发展重点，优化自身功能布局，突出地方金融特色，找准服务发力点，打造服务新品牌。

（4）做好当下，规划明天。村镇银行既要立足于社区和乡村本土，又要有横向联合与协同发展；既要做好眼前业务，又要具有国际视野；既要做好当下工作，又要具有前瞻意识，做好战略规划。

6.2 新模式构建特征

在新常态下，我国村镇银行构建新的发展模式，应当具备哪些新的时代特征，这是建立新模式应当明确的第二个基本方面的问题。

1. 多层次发展

多层次发展，是我国多层次的社会经济基础所决定的。我国包括村镇银行在内的区域性社区银行多层次的市场格局基本上表现为四个层次：一是发展成为专业提供小微金融服务的小微村镇银行，如金融"便民店"、小额融资等；二是发展成为社区小银行，基于文化融合、人脉积累、能够掌握"软信息"的社区银行，它深耕社区，贴身服务；三是发展成为区域性的商业银行，在某个区域占有一席之地，甚至不可取代，而且还可以上"新四板"，在资本市场进行区域性的股权交易；四是发展成为大区域性的社区银行，但它们的基础是城市商业银行或农村商业银行，通过实行股份制改造而上"新三板"，在资本市场进行全国性的股权交易，甚至转板升格为二板乃至主板，在资本市场进行全国性的股票发行；五是发展成为实力雄厚、信誉卓著的国际型大银行，实施"走出去"战略，建立海外分支机构。

2. 差异化发展

差异化是同质化的另一面。村镇银行强调差异化，并不是说同质化不好。若在一个偌大需求的市场，东西南北中就能容纳几个同质化的经济体，但前提是这个几个同质化的经济体是基础相当、规模相当、信誉相当，如我国石油市场的中石化、中石油、中海油，我国电信市场的中国移动、中国联通、中国电信。它们可以被市场容纳。而在我国金融市场，村镇银行的规模是没法与工商银行、农业银行、中国银行、建设银行、交通银行等银行同日而语的，村镇银行不可能，也没有必要发展成为上述同质化的经济体。但村镇银行不是不能生存和发展。村镇银行差异化发展，就是要做到人无我有、人有我新、人新我特、人特我快！村镇银行就是要占领大银行没有覆盖到的社区、乡村、小微企业的金融服务领域。只要坚持差异化发展，村镇银行就一定能够在夹缝中求生存，在创新中求发展。

3. 内涵式发展

当前，我国的村镇银行整体上处于"幼年"阶段，外延式发展是其当前的主要发展形态。但是如果一味地强调外延式发展，抢地盘、争速度，就会埋下若干隐患，反而不利于其未来的可持续发展，更不可能做大做强。在我国前一个时期，经济发展实行的是要素驱动追赶型经济增长模式。在此引导下，众多的村镇银行普遍采取了高资本消耗、较低收益的外延式扩张，可以说近乎是"野蛮式"生长，反映在服务对象漂移，注重大中型企业；服务渠道漂移，以批发贷款为主；服务手段漂移，较少利用"软信息"。虽然资产规模在扩大、服务经济有成效，但这种重投入轻效益、重数量轻质量、重规模轻结构、重速度轻管理的外延式发展，导致了高风险资产占比升高，业务和产品结构不合理、非利差收入占比较小、营业收入和资本积累的增长速度远落后于资产的扩张速度，风险管理和防范的意识不强。村镇银行以信贷驱动、融资驱动、成本驱动、利差驱动为典型特征的外延式发展模式可能在一定时期内将继续存在。

其实，外延式和内涵式两种发展方式的叠加、侧重和转化是实体经济向上发展的基本轨迹。从规模优先→规模和质量并重→侧重于内涵式发展，是村镇银行个体发展变化的基本过程和必然趋势。从现在起，村镇银行就应当注重内涵式发展。我国经济发展新常态告诉我们，在国家经济发展由传统要素追赶型向内生增长型转变的大环境下，在《巴塞尔协议》新资本监管要求的约束下，在社会融资需求逐步由间接融资为主转变为直接融资为主的形势下，在利率市场化改革全面深入展开下，外延式发展模式的盈利空间将越来越小，内涵式、集约化发展才是正道。村镇银行应逐步向内涵式、集约化发展转变，一是由规模导向向价值导向转变，二是由粗放经营向集约经营转变，三是由以大论优向以质论优转变，四是由单一盈利向多元盈利转变。①

6.3　新模式创新重点之一：治理结构

构建我国社区型银行发展新模式，要积极创新，更要有创新重点，各个领域的发展要协调一致，协同推进，从而使这些重点成为我国社区型银行发展新模式的主要支柱。本书认为，我国社区型银行发展模式的创新重点是公司治理结构和新兴金融业务两个方面。以下，本书分别从村镇银行、城市商业银行、农村信用合作社三类社区型银行的角度来分析模式创新。

6.3.1　关于村镇银行治理结构创新

（一）需要宽松的市场准入和顺畅的退出机制

1. 需要宽松的市场准入②

目前，我国村镇银行还存在比较严格的成立条件。以成立村镇银行为例，中国银行业监督管理委员会（2007）5 号文颁布的《村镇银行管理暂行规定》（以下简称《暂行规定》），明确村镇银行设立实行主发起人制度，并且就发起人资格和股份占比做了具体规定："村镇银行最大股东或唯一股东必须是银行业金融机构。最大银行业金融机构股东持股比例不得低于村镇银行股本总额的 20%。"

从国家立法的意图来看，监管部门设置主发起银行制度，一方面是考虑了审慎性原则和控制风险，因为由银行业金融机构发起设立村镇银行有利于使村镇银行规范运行并提高村镇银行的信誉度以及公信力等；另一方面是考虑了专业化问题，由主发起银行作为股东发起的村镇银行，可以利用主发起银行在金融专业知识、业务能力以及管理水平等方面的经验，以弥补其从业经验的不足。

我们可以看到，在我国最初兴建村镇银行之时，《暂行规定》是正确的、必要的。但是，今天村镇银行已经发展到了一定程度，近十年后的《暂行规定》应当与时俱进和不断完善。如今，村镇银行申请成立情况是不容乐观的，

---

① 孙宗宽. 中国中小商业银行发展战略研究［D］. 西北农林科技大学，2013.5.
② 张瑞. 村镇银行公司治理法律问题研究［D］. 首都经济贸易大学，2013.3.

大多村镇银行难以成立，成立了就是主发起行对其进行控股，大多是绝对控股，因此也带来了一系列问题，同时这也限制了小贷公司转升为村镇银行。这具体反映在以下几个方面。

（1）导致村镇银行资本金来源受限，其他投资主体的积极性受挫

第一，村镇银行发展面临可供放贷的资金紧缺这一重大问题，不能满足当地资金的需求；第二，民间资本长期活跃在地下钱庄，无法加入金融"正规军"。《暂行规定》的初衷是想把民间资本引出地面使其阳光化、合法化，但这种立法宗旨并没有在实践中被充分体现出来。本来对于设立村镇银行，民间资本的热情很高，但由于主发起行很难寻找，即使找到了银行作为发起人，又因为《暂行规定》规定："单个自然人股东及关联方持股比例不得超过村镇银行股本总额的10%，单一非银行金融机构或单一非金融机构企业法人及其关联方持股比例不得超过村镇银行股本总额的10%。"所以，民间资本根本不能对村镇银进行实际上的控制，这大大打击了民间资本进入村镇银行的热情。

（2）导致村镇银行股权高度集中，公司治理效率低下

由于实行主发起银行制度，我国村镇银行的股权结构普遍存在发起银行"一股独大"的情况，而且多数主发起银行绝对控股，有些甚至超过50%，但同时银行内部并没有形成股权制衡，容易引发内部人控制公司并损害中小股东利益等问题，降低公司治理的效率。国内外诸多研究表明，股权结构和治理结构之间存在着密切的联系。股权结构是村镇银行公司治理的产权基础，它影响董事会和监事会的构成，也决定了股东的结构和股东大会的公平、公正，从而到影响村镇银行的运行效率和质量。

（3）导致村镇银行简单模仿主发起银行的经营管理

虽然村镇银行规模不大，但它也属于一级独立法人，其大多具有扁平化的管理层，并且《暂行规定》也对其治理方式做出了较为灵活的表述。因此，村镇银行应具有信贷审批较快、决策链条较短、经营管理较灵活、办事效率较高等优点。然而在实践中，村镇银行的上述优势往往不明显。第一，村镇银行的主要发起人大多是大中型商业银行，它们在城郊或农村地区设立村镇银行主要是为了实现跨地区经营；第二，由于村镇银行不能提供异地结算、跨行支付、征信查询等业务，只能由发起行去代理操作；另外，主发起行会将自身传统的企业文化带到村镇银行中。这样，村镇银行实际上就成了主发起银行的一家分支机构，很难做到独立经营和自主决策。

（4）导致小额贷款公司改制设立村镇银行兴趣索然

中国银监在2009年6月9日发布的《小额贷款公司改制设立村镇银行暂

行规定》指出，小额贷款公司改制设立村镇银行，其主发起人必须为银行业金融机构，并且发起人资格和持股比例须符合《暂行规定》。这个规定延续了主发起银行制度。据统计，自 2009 年此规定实施以来，少有小额贷款公司成功改制设立为村镇银行。根据常理，小贷公司通过股东改制变为村镇银行后，就丧失了对新公司（即村镇银行）的控制权，相信谁也不愿意将自己苦心经营的小贷公司拱手让出。

通过实践得知，想要村镇银行更好地发展，就要完善村镇银行的市场准入制度。如何既能给包括村镇银行在内的社区银行一个适度的市场准入条件，又能合理控制风险，需要监管层根据实际情况做出顶层设计。其实，我们可以借鉴香港的银行业三级牌照制度的经验，根据各村镇银行的管理水准、资金实力以及遵纪守法状况等颁发不同等级的营业牌照。不同的牌照，意味着不同的经营权限。具体而言，对村镇银行实行三级准入：第一，先规定初创的村镇银行为三级银行，即属于限制性银行，只给予其吸收股东存款并只允许向其股东提供信贷款的权利，也就是只具有合作性质；第二，当其经营一段时期后可由权威机构对它进行考核认定，若其资产质量较好、信誉度较高，就可以允许其经营批发业务；允许其向社会公众吸收大额存款，发放大额贷款，这样就能成为二级银行；第三，待其再过几年，其资本、资产、盈利等方面已达稳定水准，再经权威机构认证后，就可以转为全面性银行并允许其开展零售业务，即成为一级银行。若一级村镇银行在资本、盈利以及遵纪守法等方面表现不佳，监管机构可要求其降级至二级银行甚至三级银行；若是三级银行仍然无法达到其规定要求，则可要求其解散。这种三级发牌制度能够保证只有管理完善、组织健全、质量较好的金融机构才可接受公众存款。当局也需定期审视发牌准则，以保证这些准则能够适应监管环境的转变，并符合不断变化的国内、国际银行业监管要求。①

2. 需要顺畅的退出机制

在市场退出机制方面，对村镇银行的市场退出、风险救助和事后处置等事项要有明确的操作程序和顺畅的退出路径。依法经营的村镇银行可依法自行进行兼并、联合或者重组，规模较小且经营不佳的村镇银行可由其他民间资本收购，金融监管当局也可以强制对其进行关闭、清盘。为此要做到以下几点。②

（1）要有完备的法律保障

---

① 王涛. 我国村镇银行发展模式研究［D］. 厦门大学，2007. 3.
② 高勇. 关于我国村镇银行培育与发展问题之研究［D］. 西南财经大学，2007. 4.

村镇银行的市场退出机制要法治化，这就要建立关于包含村镇银行在内的金融机构市场退出的相关法律，以法律形式规定银行退出的程序标准、处置原则等。目前，我国尚未出台有关银行破产的法律以及银行进行破产清算的法律程序。

（2）要有明确的退出标准

关于村镇银行有两种退出标准。一种是不良贷款率标准。如果村镇银行不良贷款率达5%，就需对其发出黄牌警告；若不良贷款率达到7%，则发出红牌警告且村镇银行关门；若村镇银行不良贷款达到7%，但其资本充足率达到8%，那就对其进行兼并重组（徐滇庆，2013）。另一种是资本充足率标准。若资本充足率低于6%或其核心资本充足率低于4%，就必须强制退出（应宜逊，2004）。

按理说，以资本充足率作为衡量标准更为科学，因为资本充足率标准可以较全面、准确地表现银行自有资本的风险抵御能力，反映银行目前面临的风险是否会损害储户以及客户利益。因此银行应经常对其有效资产公允价值的净值进行评估。如果社区银行有效资产的公允价值扣除预计损失后的有效资产净值是低于负债价值，就表明村镇银行已经出现了实际意义上的资不抵债，则需强制退出。这样就可以灵活地确定某一家村镇银行是否应退出市场。不过，这对监管水平、市场环境以及法律环境的整体要求较高。总之，在此标准下需要注意几个地方。第一，有效资产计价应该采用国际会计准则推行的公允价值计价方法，而目前由于我国资产交易的二级市场还不成熟且资产的市场公允价值的评估也不完善，因此，目前我国仍采用历史成本计价。第二，使用这种标准需要监管人员有较高的专业素质，他们要能对村镇银行有效资产的公允价值进行正确、审慎的评价，要有足够的风险识别和计量能力。第三，对法律环境的要求较高。法律必须赋予监管人员相应能够对银行有效资产做出判断决定的权力，要能排除任何行政干预。

（3）要有严格的审批程序

村镇银行退出的审批机构应是银行监管部门。但是，由于历史、政策的原因，之前的农村信用社、城市信用社等退出市场的成本最后都由政府埋单，原因是这些金融机构在出现问题时，其相关部门在特定的历史时期承担了部分政府职能。然而，村镇银行主要以民间资本作为其资本，没有政府资金，经营亏损自行承担。村镇银行退出的审批包括预警、初审、终审、听证等流程。村镇银行的最终退出需要至少省级监管机构的审批，而规模较大的村镇银行退出则需要银监会的审批。

（4）要有妥善的退市处理

村镇银行退出后，对其应该进行市场化的处置。第一是披露财产信息。清算监管机构在对其有效资产和负债进行审计后，应将所有信息进行披露。第二是收购或兼并。若有金融机构愿意兼并退出银行，可依法将有关的债权债务关系转到兼并方；若有金融机构愿意收购退出银行，清算监管机构则负责组织召开由债权人、存款人、股东代表等相关利益方参加的债权人会议，由会议讨论通过后执行。第三是宣布执行破产。若没有其他金融机构对退市银行进行兼并收购，则进入宣布、执行破产的流程。通过清算破产村镇银行的有效资产以偿还债务和支付储户存款。为此，应尽快建起银行资产处置市场。现阶段可以先在 AMC（资产管理公司）试点商业收购。这样在处置不良资产的同时，还能通过引进外国 AMC 和组建合资 AMC 的方式逐步培育不良资产处置的二级市场。

（二）需要完善的公司治理结构

目前，我国村镇银行在公司组织架构的管理方面以及实践监管层面依然存在一些问题，因为理论上的不健全，因此与实践还存在些许冲突和矛盾。在此还是以村镇银行为例。村镇银行公司治理的主要制度为《暂行办法》。村镇银行属于商业银行。商业银行的公司治理主要适用于《商业银行法》《公司法》以及《银行业监督管理法》等法律法规。另外，央行的《股份制商业银行公司治理指引》（以下简称《治理指引》）和《股份制商业银行独立董事和外部监事制度指引》（以下简称《制度指引》）也是调整我国商业银行公司治理结构的重要规范性文件。张瑞（2013）认为，对照这些有关村镇银行的法规，结合我国目前村镇银行的实践，提出以下建议。[①]

（1）董事会不应可有可无

现行《暂行规定》对于村镇银行董事会设立的规定过于灵活，与《商业银行法》《公司法》《治理指引》等法律法规出现冲突。《暂行规定》第 31 条规定，"村镇银行可只设立董事会，行使决策和监督职能；也可不设董事会，由执行董事行使董事会相关职责"。《商业银行法》第 17 条规定，"商业银行的组织形式、组织机构适用《中华人民共和国公司法》的规定"。《公司法》对于董事会、执行董事的规定是："股东人数较少或者规模较小的有限责任公司，可以设一名执行董事，不设董事会。"其中《暂行规定》对于村镇银行设立董事会的规定与《公司法》不一致。也许监管当局认为村镇银行由于规模较小无需硬性规定成立董事会。但从村镇银行的长期稳定发展的角度来看，无论是在数量上还是在规模上都会越来越大。因此必须另附一条：当村镇银行的

---

① 张瑞. 村镇银行公司治理法律问题研究［D］. 首都经济贸易大学，2013.3.

总资产额度超过多少亿元时，必须成立董事会，如此方能健全"三会一层"的现代组织架构。

（2）应该引入独立董事制度

村镇银行公司治理目标不但要最大化股东利益，还要保护存款人利益，并努力实现支持农业、农村、农民的目标。这与一般企业的目标有所差别。然而，当村镇银行的股权过多集中于主发起银行时，大股东的利益就很有可能与银行债权人以及中小股东的利益发生充冲突和博弈。为了制衡各方利益，就需要引入独立董事制度，增加董事会中非管理层董事的人数比例，分离董事会与管理层，这样能增强董事会的监督职能。加拿大蒙特利尔银行就规定董事会中组成管理层的董事不能超过两名。韩国银行业监管部门也规定，银行的董事应该以外部董事为主，要与管理层独立，并建议专门委员会的成员也由利益不相关者充当。

（3）把监事制度落到实处

《暂行规定》第 32 条规定，"村镇银行应建立有效的监督制衡机制。不设董事会的，应由利益相关者组成的监督部门（岗位）或利益相关者派驻的专职人员行使监督检查职责。"这里没有强调村镇银行应设立监事会。但《公司法》对于监事会的设立有明确规定，无论是有限公司还是股份有限公司，都应设立监事或监事会。《治理指引》也规定，"监事会是商业银行的监督机构"，"监事会应当由职工代表出任的监事、股东大会选举的外部监事和其他监事组成，其中外部监事的人数不得少于两名"。《暂行规定》对于村镇银行监事会的规定，显得不足，并与上位法《公司法》的精神冲突。村镇银行无论规模大小都是商业银行，都是高风险行业，应当遵循《公司法》的规定，应当同其他商业银行一样采取相同的制度规定，村镇银行应建立监事会。如果监管当局认为村镇银行应根据其业务规模、服务特点和其决策管理的复杂程度来设置灵活、简单的组织机构，那么不设监事会也可以，但要把"应由利益相关者组成的监督部门（岗位）或利益相关者派驻的专职人员行使监督检查职责"的监事制度落到实处，但如何落实？监事的任职资格是什么？谁去检查监督？这些都将变成现实问题。

6.3.2 关于城市商业银行治理结构创新

城市商业银行的治理结构又该如何创新，林菲（2007）有如下观点[①]。

---

① 林菲. 我国地方中小银行业机构的公司治理研究［D］. 湖南大学，2007.4.

（一）股权集中度不宜过高

目前我国城市商业银行股权结构中存在的"一股独大"，或地方政府、国有股占股本比例过大的现象已成为其股权结构不合理的突出问题。在有些省市的城市商业银行中，地方政府持股比例大都达到50%以上，在股权结构中达到绝对控股的地位。例如广州银行的股权就高度集中于广州市政府中，其占股比例高达92.04%（广州银行2014年报表）。原本定位成为现代金融企业的城市商业银行，难免又陷入了国有商业银行的圈子。地方财政与城市商业银行在经营目标和效用上存在差异：追求利润最大化是城市商业银行的经营目标，而有些地方政府由于控股（甚至绝对控股），依据其持股比例，就会或多或少干涉银行经营，使得银行变为地方政府的融资工具和出纳。而且，在反腐之前，不少城市商业银行的董事长、行长均为当地政府任命或由政府官员兼任，这更使银行的经营管理难以去行政化，反而阻碍了城市商业银行向着市场化方向发展的进程。

（二）董事会功能需要强化

目前，我国城市商业银行董事会所扮演的决策和监督角色被弱化，主要反映在：第一是独立董事比例不足。部分城市商业银行董事会中独立董事的人数过少，内部董事人数占比过大，这是不正常的。成熟的商业银行独立董事在董事会中应当占有足够的名额，如美国投资银行的独立董事数量占总董事会的68.4%。独立董事在商业银行的经营管理中以第三方的角度对问题进行分析和讨论，因此具有客观性、独立性和公正性，从而有利于保证商业银行董事会决策的合理有效。第二是当董事会中的独立董事人数不足时，由于他们可能是银行内部高管的关系户或者迫于多方压力的原因，往往不能发表独立意见，不能大胆提出异议，而成为董事会的摆设，没有发挥作用。第三是有些城市商业银行的董事长并不由股东大会选举产生，而是由地方政府或者控股大股东直接任命上位，董事长其实是地方政府以及控股股东的代言人。第四是部分城市商业银行的监事会形同虚设。监事会成员是一些老人，他们没有商业银行管理经验或者相关财务等专业知识，没有监督董事会和高级管理层的专业能力，只因为他们是老革命，需要给他们安排这样的"闲职"。以上四种因素都影响了董事会职责的履行和其功能的发挥。

6.3.3　关于农村信用社治理结构创新

农村信用社的治理结构如何创新，林菲（2007）提出了如下观点。[①]

（一）应当充分体现社员们的主体地位

目前，我国农村信用社的产权存在主体模糊且股权分散的现象。农村信用社利益主体有地方政府、信用社社员、行业监管部门和信用社的经营者等，其中农村信用社社员拥有全部资产的所有权。但农村信用社的经营管理始终带有或明或暗的行政色彩。而作为农村信用中最主要利益主体的全体社员，他们在战略发展、产权配置、利益分配等重大问题上反而话语权不多；另外加上股本金本来就比较分散且金额太小，因此让社员们行使民主管理权利就是一句空话。

（二）应当降低资格股的比例

我国农村信用社的股权存在过于分散、资格股比例过高以及外来投资股股偏少的现象，这些导致股金稳定性不好，内部人控制问题明显。如广东省某一农村信用社，其资格股比例高达87.6%，而投资股比例仅为12.4%，其中最大一户股金的比例仅为4%。资格股与负债性股金相似，到期若盈利的话可以分红。资格股股东基本上不承担任何经营风险。对投资股股东来说，本来最应关注经营管理，但大部分投资股股东是关联交易人，其投资入股的主要目的是为了优先获得关联贷款以及帮助农信社朋友完成增资扩股的业绩目标。根据深圳市银监分局的一次问卷调查可知，投资农信社为了优先获得关联贷款的人数比例高达67%，而为帮助朋友完成增资扩股任务的比例也占33%。这与投资股最初的目标偏离，从而导致投资股股东并不能起到完善法人治理以及参与经营管理的作用。在这种产权制度框架下，农信社的理事长实际掌控着整个农信社的经营，这也就出现了"内部人控制"现象。

6.4　新模式创新重点之二：新兴业务

6.4.1　村镇银行业务创新

村镇银行的业务创新，要"咬定青山不放松"，牢牢抓住自身的特点、特

---

① 林菲．我国地方中小银行业机构的公司治理研究［D］．湖南大学，2007.4.

色、特征去发展，把特色做得更鲜明、更突出、更强大，以特取胜。赫国胜、李超（2015）提出如下观点。[①]

（1）打造特色服务

第一是打造快捷服务。村镇银行的业务应具有"短、平、快"特点，可以借助 CRS 、ATM、VTM 等金融自助机器和手机、IPAD、NFC 等智能设备打造快捷服务，安排银行人员与客户面对面辅导，培养客户自助交易的习惯。第二是延时或错时营业。定制个性化工作时间，实行与传统银行"朝九晚五"不同的工作时间，可依据客户每天出门、回家的一般习惯，灵活调整营业时间，实行延时营业或错时营业。第三是增加增值服务。村镇银行可以为客户提供出国金融、子女教育、家庭医生、养老规划、旅游计划等服务，可以开展涉及部分会计、税务、律师等专业领域的咨询服务，延长其金融服务链，将村镇银行办成"小而全"的综合金融服务机构。第四是建设服务。村镇银行可以加强与居委会、办事处、物业、管委会等的沟通合作，与社区建设深度融合，提供更加方便的多种综合服务，成为银行发展和社区建设的"利益共同体"。

（2）坚持拓宽关系营销网络

与传统银行不同，村镇银行可以在自己所在的服务区域内更加便利和有针对性地获取和掌握受众客户的"软信息"，从而能够最大限度地减少和消除"信息不对称"所带来的影响，能够快速而准确地做出判断和决策，为客户提供贴身的服务。因此，村镇银行要借此把关系营销做到精准定位。

（3）坚持开发特色产品

村镇银行要充分借助互联网、大数据的趋势，深入分析和挖掘自己所在周边社区的客户数据，根据客户的年龄、收入、偏好、消费等特征进行客户分类，根据不同的客户种群，组合、匹配、开发不同的金融产品。另外，要重点加快小微金融产品和个人类金融产品的创新，如小微企业生命周期的理财套餐、小额贷款等。

（4）坚持低成本运营

与传统银行不同，村镇银行获取利润的方式不像传统银行以存贷利率差为主，而是以中间业务的手续费为主；村镇银行获取利润的方式不像传统银行主要依赖规模效益，而是坚持低成本运营战略。坚持低成本运营战略，第一是要推广使用新兴信息技术，采用远程智能柜员机终端 VTM（Virtual Teller Machine）等设备，逐步替代人工办理非现金类业务，降低网点营运成本。第二

---

① 赫国胜，李超．我国村镇银行的特色化发展路径探讨［J］．广西大学学报，2015（5）．

是在网点布局上要加大跨企业合作，可以考虑与业务覆盖面更为广阔的企业（如移动公司、电力公司、快递公司、品牌公司等）合作，以无形网络的方式延伸村镇银行服务站点，并保持低成本优势。第三是多元化拓展收入渠道，可以考虑与第三方渠道的代理商合作开展更多中间业务，争取以较少的投入来提高社区银行中间业务的收入能力。

6.4.2　城市商业银行业务创新

城市商业银行一方面要继续做好专属自己领地的存贷业务和中间业务，另一方面更要进行业务创新。目前重点创新业务有以下几项。

（1）积极开展互联网金融业务

所谓互联网金融，就是传统金融机构与互联网企业利用互联网技术和信息通信技术实现资金融通、支付、投资和信息中介服务的新型金融业务模式。城市商业银行应尽快自主研发或与互联网企业联合研发互联网金融平台，探索开展互联网支付、互联网保险、网络借贷、股权众筹和互联网基金销售等业务，与证券、基金类机构通过互联网金融平台探索金融产品新的销售渠道。在当今时代大众创业、万众创新滚滚洪流之中的众创、众包、众扶、众筹方兴未艾。城市商业银行可与互联网企业一道，积极探索开展"互联网＋"众创金融、"互联网＋"众包金融、"互联网＋"众扶金融和"互联网＋"众筹金融。

（2）积极开展私募基金服务

所谓私募基金（private fund），又称私募股权投资基金。相对于公募基金而言，它是向特定人群募集的、非证券市场通过发行股票和债券而募集的资金。私募股权投资及其基金有多种形式，包括杠杆收购（基金）、风险投资基金（即VC）、创业投资（基金）、天使投资（基金）、夹层融资（基金）、私募股权基金（即PE）、并购投资（基金）、对冲投资（基金）等。这些基金分为契约型和公司型两大类。它们的退出渠道，一是上市，二是出售（即被兼并），三是重组（即资本结构重组：通过增资扩股或再借款以债务代换股权把现金分配给原始股东）。城市商业银行应探索如何服务上述各种生机无限、前景广阔的私募金融新业态，探索开展私募股权投资基金托管业务和并购贷款业务。应当支持条件成熟的私募金融机构向大型资产管理公司转型。

（3）积极开展保理业务

所谓保理业务（Factoring），又称保付代理、托收保付，是指在贸易中以托收、赊销方式结算贷款时，出口方为了规避收款风险，将其现在或将来的基于销售、服务合同所产生的应收账款转让给保理商（专业保理公司或商业银行），由保理商向出口方提供集贸易融资、账户管理、应收账款管理及信用风险承担于一体的综合性金融服务。城市商业银行应积极开展保理业务；积极与商业保理企业、商业保险等金融机构进行对接，参与信息的收集共享；积极参与应收账款转让登记平台、商业保理资产交易平台建设，促进企业应收账款规范流动；积极探索开展商业保理资产证券化业务。

（4）积极开展财富管理业务

所谓财富管理，是指以客户为中心，为客户设计出一套全面的财务规划，通过向客户提供现金、信用、保险、投资组合、退休计划、遗产安排等一系列的金融服务，将客户的资产、负债、流动性进行综合管理，以满足客户不同阶段的财务需求，帮助客户达到降低风险、财富增值的目的。财富管理与理财业务既有联系又有区别：一是在基点上，财富管理是以客户为中心，为客户提供一套全面的财富管理方案；理财业务是以银行为中心，向客户销售琳琅满目的理财产品。二是在对象上，财富管理不仅面向个人，而且面向企业；理财业务一般针对个人。三是在定位上，财富管理是高端和优雅，理财业务是普惠和大众。城市商业银行应大力开展财富管理业务；主动与社会资本参与财富管理机构体系建设，探索与民间资本发起设立资产管理公司；积极参与当地构建财富管理高端中介服务体系；不断丰富城市商业银行的财富与资产管理类金融产品，开展专业化财富管理业务创新；积极开展私人银行业务、投资银行业务和跨境资产管理业务；积极探索将现有的储蓄理财逐步提升为高资产、高资金、投融资一体化的服务，不断扩大投资理财区域和业务范围。

6.4.3　农村商业银行业务创新[①]

农村商业银行业务创新的目的，就是把普惠金融开展到乡村田野，真正做到让农民"足不出村"就能享受便利的金融服务；就是利用现代远程通信技术、自动化设备和智能化解决方案，降低营运成本；就是通过"乡亲贷"等低成本服务产品，降低农民贷款的门槛；就是以授信为切入点，从"信用村"建设着手，打造诚信乡村。

1. 农村商业银行业务创新的发力点

要着力创建农村金融服务站，打通农村金融服务"最后一公里"。其主要

---

① 欧阳卫民. 打通农村金融服务"最后一公里"［N］. 金融时报，2015－01－26.

路径是有以下几个。

（1）要把普惠金融植入村落田野

农村金融服务站，能够有效地整合村镇银行、邮政储蓄银行、自助银行以及信用社的功能，不仅可以填补商业银行撤离村镇时留下的服务空白地区，更能把金融服务真正延伸到了村民家门口，真正使村民足不出村就能享受到快捷、实惠的现代金融服务，大大加快了推行普惠金融进入农村的步伐。

（2）要大幅度降低运营成本

据专业人士计算，如果按照"七个一"的标准（一间房子、一台电视、一台存取款一体机、一个拉卡拉、一台电脑、一个理财 POS 机、一名金融知识普及宣传员），首期仅需投入 40 万元/站建设资金，每年运营维护成本（包括人工开支）约 20 万元，服务站基本可以辐射到周边几个村以及近万人的区域，成本远低于传统银行的服务网点。与传统银行的服务网点相比，农村金融服务站可以更多利用自动化设备、现代远程通信技术和智能化解决方案等，仅需一个工作人员，就可以实现甚至超过传统银行服务网点的全部功能，为农村金融服务站实现可持续发展提供了基础并提高了银行等金融机构下乡设点的积极性。

（3）要让"三农"贷款渠道更加畅通

农村金融服务站可以开展信用村建设，帮助对农户进行信用评级，以类似"乡亲贷"的低成本产品，向符合基本条件的村民提供免担保贷款，切实解决村民贷款难的问题。

（4）要让村民办理日常业务更加方便

农村金融服务站可以把服务网点开到村民家门口，村民们足不出村即可支付水费、电费、话费、手机充值、保险缴费等。

（5）要普及金融政策和知识到乡村

通过农村金融服务站的工作人员，把金融政策与知识向乡里传播，帮助村民防范金融风险。同时还可以逐步建立农村信用体系，使农民获得更规范、更方便和更透明的信用贷款。

（6）要实现农村、银行互助互利，共同发展

农村可以帮助金融监管部门和驻点银行开展村民征信评估，帮助驻点银行开展金融业务；驻点银行则可以通过捐建道路、学校、公园、采购农副产品等方式帮助村民困难户，改善村容和村貌，增加农民的收入，提高村民的生活质量，共建社会主义新农村。

2. 如何建设农村金融服务站

（1）要明确创建宗旨

以民生金融、普惠金融、草根金融为方向，以服务"三农"、服务中小微企业为对象，进一步推行城乡一体化建设，把政府惠民、便民工程与金融机构的社会责任相结合，切实落实服务"三农"。

（2）要明确建站模式

第一是政府引导。地方政府需根据当地农村人口分布以及各农村区域经济发展程度等情况，对农村金融服务站做好布局规划，引导银行金融机构设立服务站。另外，出台激励银行金融机构下乡设点的政策，将政府对农村各种村集体征地拆迁款项、补助款项发放等业务，交由设在当地的农村金融服务站代办，并积极引导企业、村民、村集体到当地农村金融服务站办理存款业务，确保银行金融机构在履行社会责任的同时，实现可持续发展。第二是银行主导。银行金融机构根据各自的业务品种和资源状况，选择其适合开拓市场的区域，按照前述"七个一"的标准和要求，自主建设、运营和管理。同时，结合当地服务的需求特点，创新服务内容和相关金融产品，因地制宜，采取多样化服务手段。农村金融服务站应由上级金融主管部门统一进行审核、登记，应按相关规格标准制作牌匾并挂牌。第三是村里支持。村一级应当协助向金融机构提供村委会所在地、祠堂、闲置住房等场所，为开展金融服务站提供便利，主动帮助维护农村金融服务站经营场所的安全，主动协助银行开展现金保管以及自助设备的安全防护工作。行政村级组织应该充分发挥人缘和地缘优势，积极配合银行金融机构评定和建设"信用村""信用户"，保证村民信用评定的公正性、准确性和透明度，为提高农村金融服务信用基础和服务环境做铺垫。

（3）要发挥基本功能

第一是存取和汇款。可以通过 ATM（自动柜员机），为村民提供全天候现金服务，村民随时可以通过 ATM 进行取款、存款、转账等银行柜台业务。第二是投资理财。引导村民合理规划资金，指导村民如何使用储蓄、理财、股票、基金、债券等投资工具，帮助村民了解理财渠道，增加村民收入。第三是生活服务。运用第三方支付技术，通过拉卡拉机为村民提供直接办理水、电、气费支付；社保费缴纳，手机充值，汽车票、动车票、火车票、飞机票等日常业务。第四是村民贷款。运用"乡亲贷"、信用卡等工具，向符合条件的村民授信并提供无担保小额贷款，满足其经营和农业生产的资金需求，并给予利率优惠和还款便利。第五是宣传阵地。可以通过电影片头播放、入户讲解、培训活动、村喇叭广播等宣传方式，向村民传达最新的金融政策和知识，帮助村民预防金融诈骗，规避非法集资风险，为农村百姓提供易懂、实用的金融自我保护常识。第六是信息收集。通过农村金融服务站，银行金融机构直接把业务延伸到村居最基层，这样可方便掌握当地农村的经济结构、人口结构和农民金融需求等信息，为政府制定支持"三农"的金融政策提供更加科学的依据，同时也为银行金融机构向"三农"提供更加高效的金融服务。

第 7 章

社区银行生存的条件：差异化监管

如前所述，我国的社区银行包括五种形态，是指资产规模一定、服务区域一定、服务对象一定的主要为中小微企业和个人提供服务的独立经营的金融机构。它的服务对象，是以社区居民、农村村民和中小微企业为主；它的服务产品，是以零售业务为主；它的服务范围，是以社区和村镇为主，有一定的区域划分。所以，社区型银行具有本土化、民生化、草根化的特点，属于民生金融、小微金融，具有普惠金融的使命。既然如此，对其进行的金融监管也就应当有别于"高大上"的国有银行和全国性股份制商业银行。

7.1 现行监管的正负面影响

金融监管是指国家对金融机构实施的一系列监督和管制措施，包括对金融机构市场准入、业务范围、市场退出等方面做出的限制和相关规定，对金融机构的内部组织结构和风险管理等方面的合规性、达标性要求，以及相关的法律、法规和行为规则。随着我国的金融监管以及金融体制改革的不断深入，目前已建立较为完善的金融监管体系，确立了各个金融监管的主体，金融监管实践取得了长足的发展和效果。但我国的金融监管仍处于探索中，其中对银行业监管在有些地方还需改进，赵革（2008）认为，对社区型银行的监管仍存在三大问题。[①]

1. 在市场准入方面：忽松忽紧，忽宽忽严

在 20 世纪 90 年代初，为了能够有效满足城乡非公有制经济实现快速发

---

① 赵革. 中国社区型银行的制度分析［D］. 天津财经大学，2008.5.

展的需要，央行对成立中小金融机构采取了完全自由放任的监管方针，批准了一大批城商行、农商银行、农村基金会等。因为金融市场的准入门槛过低，加之产权关系较为模糊，对产权拥有者缺少必要的约束，以及经营管理者和员工的综合素质、社会经验、业务能力普遍较低，导致这些新成立的中小社区金融机构资本的积累量不足，整体资产质量较差，亏损挂账增多，风险系数持续提升。到了 20 世纪 90 年代后期，国家在整顿清理中小企业金融机构后，又开始了对中小金融机构的市场准入门槛的严格把控，几乎没有新的金融机构得以进入市场。可是到了 21 世纪初的近十年，为了推行普惠金融和建立多层次金融服务体系，监管当局又放松了市场准入条件，城市里大大小小的商业银行一哄而上，都打着普惠金融的旗号，趁此机会把自己的金融网点延伸到了社区，一个普通的服务点也自称是一个"社区银行"，服务质量和经营效益又普遍出现了问题。现在，监管当局又来叫新设暂停，又来进行清理整顿。这样，由初期的放任到现在的严格限制，忽松忽紧，反反复复。

2. 在经营管理方面：抑制性监管，歧视性对待

针对中小机构在 20 世纪 90 年代发展过程中出现的严重问题，监管责任方在中小银行监管上采用了极为严厉的监督管控措施，严格把控中小银行的内部管理、经营范畴和业务品类。此类管制在当时来说是颇具效果的，然而随着中小银行的日趋成熟，由于这种过于激进和细化的监管导致了一些负面反应的出现，主要有：第一是使中小银行成长为大银行的"迷你版"。监管当局"一刀切"，基本上是用对大银行的监管标准来对中小银行进行规范（如对资本金比例和单一贷款比例的要求），使中小银行的经营行为举步维艰，降低了中小商业银行的核心竞争优势和差异化竞争效力。第二是严重压抑中小银行的业务创新意识。普遍认为，中小银行进行金融业务创新的风险系数整体上要高于大型商业银行，因此监管当局对中小银行的金融创新业务普遍采取了过于审慎的管理监督态度。不论哪种创新，即便是大型银行已经实施的即有业务和品种，全部都需要经过监管当局的深度研究和层层审批。而且，有些业务明明可以开办，但与现有规章不符，或文件没有明确规定，几乎都不予受理。这样，中小银行只能在传统业务的路上追赶大银行，年年疲于奔命，路子越走越窄。

3. 在市场退出方面：缺乏明确的社区型银行退出制度

随着居民村民金融服务的需求增多、中小微企业融资需求的增加、国家对普惠金融的推进和建立多层次金融服务体系的部署，以社区型银行为代表的中

小银行必将获得大的发展。而在这个发展过程中，必然有中小银行要退出市场，以实现市场化竞争的优胜劣汰。一般而言，规范的金融机构市场退出机制，一是要有风险预警，二是要有风险救助（包括风险的处置、接管、重组），三是要有清算制度，四是要有市场退出的问责制。目前我国只有风险救助，而缺乏其他机制，没有形成一个完整的市场退出机制。更何况，过度救助不但不利于金融机构治理结构的改善，反而会引发两个问题：一是诱发金融机构的恶意经营行为，二是不能强化个人和企业的风险意识。这些问题必将影响社区型银行的健康发展。

7.2　重塑普惠监管的新观念

毫无疑问，金融监管的出发点和落脚点，是促进而不是抑制金融机构的健康发展。我国监管当局的初衷一定是好的，但是为什么有时候是事与愿违呢？关键的问题在于是不是一切从实际出发。既然我国出现了社区型银行这类具有普惠金融特征的商业银行，就应当建立起多层次的金融机构体系，重塑普惠监管的新观念。李可佳（2014）认为，重塑普惠监管新观念的内涵目前有四个。[①]

监管新观念一：不同层次的金融机构需要进行差异化监管。诚然，一个国家对金融机构的监管需要一个统一的监管框架，但对应不同层次的监管对象，应有不同的监管策略。面对特定的监管目标、特殊的公司治理、特定的经营区域、特定的客户群体、特殊的贷款技术以及由此产生的特殊的风险特征、风险控制及风险传染等，监管就应该有所差异、分而治之，而不是把对一般商业银行尤其是事关系统性风险的大银行适用的监管标准、监管方法和监管程序直接套用到社区型银行。如果监管当局在实现风险控制总目标的前提下，避免简单采用"一刀切"的做法，就有助于类似社区型银行的新兴的、普惠的金融机构发挥金融服务的创新性和灵活性。

监管新观念二：不同发展期的金融机构需要进行差异化监管。对每个金融机构监管的多重目标最终归结为两个中间目标：社会效益和经济效益。为了将两个中间目标统一协调起来，一方面要强化金融机构的市场定位监管，另一方面要强化公平效率的监管。监管当局如果根据金融机构的不同发展阶段，通过

---

① 李可佳. 村镇银行差异化监管制度研究［D］. 西南财经大学，2014.4.

差异化的监管政策和配置差异化的监管要素，就能支持发展中金融机构积极成长，如支持社区型银行在区域内经营就能大致达到与其他银行业金融机构基本相同的盈利能力；同时，通过监管的约束、监督、强制和惩罚，减少社区型银行过度偏离监管目标的行为，促使其经营合法、合规，以理性的行为实现健康的成长。金融监管是为金融改革服务的，而金融改革就是将金融压制、限制性竞争和直接配置资源的旧体制，向结构合理的、以市场竞争为基础的、相对稳定的金融体制转变。目前社区型银行还处在成长阶段，国家货币政策和财税政策还难以形成合力支持其发展，对处于成长期的社区型银行的监管是把社会效益放在第一？还是把经济效益放在第一？还是两者都应兼顾？如何兼顾？答案应该在差异化监管之中。

监管新观念三：差异化监管的指导思想应该是促健康、促发展。金融监管不能只是监管当局单方的意志体现，而应该是监管主体和监管客体之间博弈的结果。针对社区型银行在我国尚处于发展成长期，监管方应当以促进社区型银行可持续发展为目标，不断调整和改进监管框架，而不是以控制性监管逼迫被监管者退出博弈。监管当局针对社区型银行的地区风险比较集中、服务对象比较贫弱、抗风险能力弱、风险传染快、融资能力弱、规模经济小等特点，使监管规则有利于其克服社区金融市场特有的风险和困难，有利于消除已经形成的行业壁垒，有利于社区型银行规范而健康地成长。

监管新观念四：差异化监管并不是一味放宽、放松，而是基于实际，宽严结合。差异化监管的核心是"差异"，既不用一个模式解决一切问题，也不是单纯地放宽和放松。差异化监管，该宽则宽，该严就严，把握的依据、标准和尺度完全从实际情况出发。虽然社区型银行有普惠金融的特征，需要扶持和帮助；但同时也需要严格防范风险，需要逐步规范化，这也是对社区型银行的帮助和支持。所以，对社区型银行实行差异化监管，该灵活的就灵活，不能灵活的一点也不能含糊，甚至还有可能更加严格。

7.3　差异化监管的框架设计

对社区型银行进行差异化监管的基础，是尊重和发挥市场配置资源的决定性作用。有效的监管体系是建立在银行赖以生存和发展的市场机制之上。监管是对市场机制的运用和完善，而不是替代市场机制。

7.3.1　关于市场准入

1. 股权结构的安排和监管

目前，我国村镇银行股权结构一般是发起银行绝对控股，这在村镇银行成立之初有助于规范运作。但主发起行制度也导致了村镇银行出现缺乏独立性、大股东和中小股东利益冲突增多以及其他股东缺乏积极性等问题。李可佳[①]建议，实行一定程度集中的股权结构，即发起银行相对控股、其他大股东适当集中，以避免"一家独大"。同时，对加强对投资者的保护。在村镇银行做出重大经营决策时，监管当局可以要求除发起银行外，其他合计持股比例达到10%以上的股东也具有对决策的否决权。笔者认为，在村镇银行发展之初，由发起行绝对控股是必须的；但如果其发展健康，连续三年盈利且无重大事故发生，其发起行就应该调整为相对控股，以调动其他股东的积极性。这是村镇银行继续发展之所需。

2. 注册资本的要求与监管

银监会在《村镇银行管理暂行规定》中对村镇银行的注册资本提出了较低要求："在县（市）设立的村镇银行，其注册资本不得低于300万元人民币；在乡（镇）设立的村镇银行，其注册资本不得低于100万元人民币；注册资本为实收货币资本，且由发起人或出资人一次性缴足"。较低的注册资本要求，有利于吸引更多的民间资本进入农村。但是，由于"三农"以及小微企业对贷款资金的需求量很大且银行自身抗风险能力较弱。

但提高到多少才合适？村镇银所需最低的注册资本，需要兼顾考虑内部和外部的因素：刘志清（2012）认为：第一是根据村镇银行本身的风险收益，即从私人视角达到资本的边际收益等于边际成本；第二是考虑村镇银行经营失败的外部性成本，即从社会视角确定最低监管资本要求，引导银行的资本充足率向考虑外部成本的社会最优均衡点靠近；第三是根据村镇银行支农支小的市场定位；第四是根据村镇银行的社会公信力和抗风险能力；第五是根据村镇银行监管资源和监管能力。总之，监管当局应通过与被监管者间的合约（设定最低监管资本要求和违反最低要求的处罚），来引导银行资本结构向社会最优资本结构靠近。[②]

---

① 李可佳. 村镇银行差异化监管制度研究［D］. 西南财经大学，2014.4.
② 刘志清. 监管资本的数量选择研究［J］. 金融监管研究，2012（1）.

7.3.2　关于公司治理结构

村镇银行在我国出现的时间还不长。为了促进其发展，银监会在《村镇银行管理暂行规定》中确定了村镇银行公司治理的基调——简洁、灵活。该规定指出：村镇银行可只设立董事会，行使决策和监督职能；也可不设董事会，由执行董事行使董事会相关职责。不设董事会的，应由利益相关者组成的监督部门（岗位）或利益相关者派驻的专职人员行使监督检查职责。规模较小的村镇银行，可由董事长或执行董事兼任行长。村镇银行董事会或监督管理部门（岗位）应对行长实施年度专项审计。村镇银行可设立独立董事。独立董事与村镇银行及其主要股东之间不应存在影响其独立判断的关系。独立董事履行职责时尤其要关注存款人和中小股东的利益。村镇银行董事会和经营管理层可根据需要设置不同的专业委员会，提高决策管理水平。规模较小的村镇银行，可不设专业委员会，并视决策复杂程度和风险高低程度，由相关的专业人员共同研究决策或直接由股东会或股东大会做出决策。

村镇银行公司的治理结构着实体现了简洁、灵活的特点，是我国金融监管的创新之一。但是否对其长远发展有益？当前我国村镇银行虽然建立了"三会一委"的公司治理架构，但因缺乏专业人员以及组织结构过于简化，公司治理存在着股东行为不规范、民间股东素质不一、公司治理效率偏低的问题。为此，李可佳（2014）建议：（1）村镇银行应当分别设立董事会和监事会，包括发起行在内，同一股东及其关联人不得同时提名董事和监事人选。（2）董事和高级管理人员任用的资格审查标准需要与一般商业银行相同。（3）董事会应下设必要的专门委员会，切实履行把关职责。（4）加强监管关联交易。（5）严格实施信息披露制度。笔者认为这些建议势在必行。

7.3.3　业务范围及其监管

当前，我国银行业同质化竞争的现象仍然突出，跨区域经营的渴求依然存在，银行实施有限牌照管理应当提到议事日程。监管当局如何通过合理限定银行的业务范围，实施有限牌照经营管理，促进多层次、专业化银行体系的形成和发展显得尤为重要。《村镇银行管理暂行规定》首次对其经营业务的种类和地域进行了限制：村镇银行不办理国外结算，不发行金融债券、不买卖政府债券、金融债券，不买卖、代理买卖外汇，不提供信用证服务及担保，不提供保管箱业务。村镇银行不能跨区域展业。

村镇银行的业务范围，一定是与村镇银行的性质和定位相匹配。然而事物总是要向前发展的，村镇银行的业务范围也应当在一定的发展水平、发展阶段时有所提升或扩展。关于如何处理好监管和促进村镇银行发展业务的关系，可以建议：（1）应该通过立法确定如村镇银行这样的农村社区银行所开展的业务范围。（2）发展初期的村镇银行业务范围需严格限制，但在发展成熟期时即可适当放宽改为审慎增加业务范围。（3）出台相关激励和保护的政策，使村镇银行能够专注于限定的业务范围。（4）探索和建立一个全国性的村镇银行联盟或协会。笔者认为，其建议具有与时俱进的观念。一方面，通过立法（而不是通知）来加大力度确认村镇银行的业务范围，以避免村镇银行卷入银行业的同质化竞争，避免村镇银行负重前行；另一方面体现出监管的最终目的是要促进健康发展，而不是一成不变，把其管死。

7.3.4　审慎监管标准与社区银行的特殊性

目前，监管当局对村镇银行实行与国有银行、全国性股份制银行和城市商业银行相同的审慎监管标准和风险监管指标，过多地强调标准的一致性，而忽视了包括村镇银行在内的社区银行的特殊性。在国外，对社区银行和微型金融机构的监管，监管人员要深入了解农村金融的需求和供给、了解小微金融机构村的风险特点，对统一的监管规定和监管指标进行及时、适当的修改，既抓住小微银行的风险来源，促进其稳健经营；又不至于造成过高的监管成本，限制小微银行的合理发展。

1. 资本充足率监管

毋庸置疑，因村镇银行自身的特殊性和面临的风险特殊性，其资本充足率理应比大中型银行高一些。但应该高多少？《巴塞尔协议》规定了商业银行资本充足率是资本金与加权风险资产的比率必须大于或等于8%。对一家商业银行来说，资本充足率不能过低，也不能过高。如果过低，虽然市场准入的门槛低了，但抵御风险的最后一道防线也就没有了；如果过高，虽然有了抵御风险的能力，但经营成本就会增加。这里，就有一个资本适宜度的问题，有一个合理的区间值。对村镇银行而言，资本适宜度究竟是多少比较合适？这里没有，也不需要有一个标准的答案。因为全世界的小微银行都没有，也不可能有一个标准的资本充足率。所以，强调资本充足率，是因为它是商业银行经营管理的一个底线，这个底线不能突破。村镇银行的资本充足率应该高于大中型商业银行是必需的，但应该高于多少，就需要具体问题具体分析，就要看其资本适宜度，而资本适宜度完全取决于村镇银行自身的内部状况和周边的外部环境。

2. 信用风险监管

关于信用风险的差异化监管，李可佳提出：（1）首先加强内部监控。其一，准确定义小额贷款；其二，认真确认小微贷款的安全性与合规、合法、合理性；其三，坚持审贷分离，集体过会。（2）及时分类信贷资产。在分类的基础上，充分计提呆账、坏账准备。村镇银行贷款笔数多、金额少、期限短且经常提前还款，许多担保执行的可能性不大且执行成本高，其收回成本甚至很可能高于贷款本息。因此，村镇银行的贷款分类标准和跟踪监测可根据实际情况做一些微调，可以不考虑担保因素。（3）微调贷款集中度。由于村镇银行的贷款是投向一定区域以及一定人群的，这就决定了它会在地理上、行业上、客户上相对集中。因此，针对某一社区、行业、客户的贷款集中度监管指标应当具有一定弹性。笔者认为，以上建议体现了信用风险的监管要"先内后外"的原则，即村镇银行首先要从自我做起，加强内部监控，这是外部监管的前提；有了内部良好的自我监管基础，才有外部监管的微调和差异化。

3. 流动性风险监管

当前村镇银行面临着严峻的流动性风险。第一是吸收存款困难。一方面由于农村经济不繁荣，被限定在农村经营的村镇银行难以吸收足量的农村存款；另一方面由于村镇银行规模小、公信力不强、社会知名度不高，想在农村周边吸引存款难度很大。第二是办理短期贷款，实际长期需求，资金流动性矛盾凸显。村镇银行的农户贷款本来应属于短期贷款，但由于本质是长期需求，所以很容易演化成长期贷款，这样使流动性问题更加突出。第三是村镇银行缺乏流动性风险管理的工具和能力。村镇银行不具备由债券等组成的多层次流动性保障体系，其在货币市场几乎没有获取融资的能力，因此不具有主动负债的能力，也很难通过质押变现资产等方式获取流动性。第四是缺乏像大型商业银行那样的资金和技术投入。大型商业银行可以投入大量的人、财、物进行流动性风险管理的技术开发和压力测试，而村镇银行只能按监管的要求笼统进行比例化管理，其流动性风险管理方式还比较低级仅等同于资金头寸管理。针对村镇银行流动性的风险监管，可以提出三项建议：（1）建立符合村镇银行自身特点的有效流动性监测指标体系和管理信息系统。监管当局可明确村镇银行不需持有一定比例的可随时变现的流动性资产，不需死死规定其单一融资来源集中度的比例，此外，设置村镇银行正常经营所需的最低流动性缓冲指标，设计简单易用的村镇银行压力测试方案并要求其定期开展相关测试。（2）督促村镇银行建立与其规模、结构、管理能力以及复杂程度相适的流动性风险管理体系。（3）重点关注货币政策尤其是利率市场化改革的深入对村镇银行资金流动性的影响，研究在利差不断收窄的情况下，村镇银行保持资金流动性的路径和措施。笔者认为，当前村镇银行面临的最大风险是流动性风险，单靠村镇银行自身拼搏是远远不够的，必须要有政府的支持和监管部门的帮扶。上述建议是值得考虑的。

7.4　差异化监管的具体方式

目前，对村镇银行的持续监管方式与一般商业银行没有区别，主要采用现场检查，具体的监管流程也完全相同。那么非现场监管呢？主要通过报表1104 系统完成。虽然该报表系统有意识地增加了支农、支小的指标，但对由支农、支小的功能定位可能引发的风险集中度问题怎么办？新兴小银行所特有的其他风险怎么办？

社区银行仍需努力贯彻成本最小、收益最大的经营原则。监管机构在加强对村镇银行风险识别和评估的基础上，如何调整监管要求，简化监管程序，把差异化监管落到实处，李可佳建议：（1）建立村镇银行核心数据库。相对于一般商业银行来说，这一核心数据库设计应相对简化，并与村镇银行业务和风险的复杂程度相匹配。（2）建立主发起行履职评级制度。监管机构根据评级结果对主发起行进行分类监管。履职评级在不合格的，取消其在一定期限内多次发起设立村镇银行的资格，并对发起银行自身新设机构以及新开办业务进行限制；连续两年履职评级不合格的主发起行，应取消其发起资格。（3）简化对村镇银行的监管报告要求。优化报表体系，对于需要庞大的信息系统支持和高水平专业人员分析的、计算过于复杂的指标（特别是流动性和利率风险指标），以简便易行的指标代替；对不同业务复杂程度、不同资产规模的村镇银行确定不同的监管报告内容要素和报送频率；对资产规模在亿元以下的村镇银行可以适当合并监管报表，设计更加简单的报告要求。（4）合理设定监管强度。第一，将开业后首次现场检查的时间由一年缩短至半年，将一般商业银行的最长现场检查周期（两次现场检查之间的间隔）缩短至最长一年半。第二，根据监管评级的结果采取差异化监管策略。CAMELS 评级为 2 级及以上的村镇银行一般是健全的金融机构，具有较好的业绩表现，可将现场检查周期扩大至一年半。并适当减少全面检查，更多地对薄弱环节开展专项检查。第三，减少临时新增的现场检查、专项整治等，在一个监管周期内（一般为年）保持监管计划的连续性和稳定性。（5）更多地运用非现场监管方式。对村镇银行至少每半年进行一次评估，避免重大违规在个别村镇银行过度累积，就对村镇银行整体采取"一刀切"的严格措施。（6）实行弹性监管机制。村镇银行的业务模式与传统的大中型商业银行存在较大差别，为传统商业银行设计的监管要求不能完全照搬到村镇银行上使用。对村镇银行的要求应当实行弹性监管：第一，对村镇银行实行相对更高一点的不良贷款宽限度。第二，在保证银行安全性和稳健性的基础上，对目前未对村镇银行风险管控形成较大影响且实施起来较为困难但监管认为可以进一步加强的，可作为鼓励性目标而非强制性目标，如压力测试。第三，把农村金融服务作为专项检查评价或全面检查中的一项重要内容，重点检查涉农贷款统计信息的真实性、信贷政策是否合理性、支农支小市场定位的符合度与薪酬考核的科学性。第四，要求村镇银行对贷款组合中各类贷款的比例根据其公司情况作出合理的限制和规定，如信用贷款只能占全部贷款余额的30%以下，未采用受托支付且不能提供有效资金用途证明的贷款只能占全部贷款余额的10%以下，票据买断转贴现和买入返售合计不得超过存款余额的10%等。（7）加强村镇银行监管政策的评估和沟通。建立金融监管对话机制，提高监管政策的透明度。成立专门委员会，由当地人行、财政部门、银监局和村镇银行协会组成。村镇银行没有成立协会的需尽快成立或挂靠当地某个银行协会。银监局每年与组织的会谈次数不得少于两次，对一些特定的监管规则和指引是否适用于村镇银行需进行讨论并予以明确。每项监管政策和指引出台前，要充分听取村镇银行的意见，并对执行成本进行预评估。定期对监管指引和监管政策做相应调整，及时废止不适宜的监管规则并予以公告。在银行业协会下设立村镇银行专业委员会，以此为平台，监管机构可以向村镇银行提供政策咨询、风险管理培训和技术支持等服务。笔者认为，以上建议中肯实在，具体明确，具有操作性，可供监管机构参考。

7.5　社区型银行的退出监管

银行的准入、监管、退出是银行出生、成长、发展的一个基本过程。如何建立适合本国国情和法律传统的问题银行的处置制度，各国都在不断探索。作为我国新兴的村镇银行，如何退出市场更是空白。目前，按照《村镇银行管理暂行规定》第五十七条的规定，村镇银行的接管、解散、撤销和破产，按照《商业银行法》及有关法律、行政法规的规定执行。然而，到目前为止，我国至今还没有对商业银行市场退出形成完整系统的规范，对村镇银行也没有一个明晰的参照标准，还不要说村镇银行这种社区型银行的特殊性。村镇银行可按照最小成本原则，依问题严重程度依次采取接管、并购和破产的方式退出。

（1）接管式退出。接管式退出属于行政行为，由银监会为宣告机关。主要针对危机程度较低、有恢复能力的村镇银行，通过强制完善其公司治理结构、提供资金支持，帮助其在限期内恢复经营。那么，资金支持由谁提供呢？由发起银行给予的流动性支持承诺就是一种提供资金支持的渠道。当然，这仅适用于由发起银行控股的村镇银行，其他类型的村镇银行情况可能会更加复杂。

（2）并购式退出。并购式退出的适用对象是对不具备接管价值或者经接管后仍不能正常独立经营的村镇银行。一般来说，可以作为并购的目标通常是在营业网点、管理人员、业务基础等方面可以为并购方实现资源合理配置的机构或者资源。但是，村镇银行在这三个方面都明显不具备太多的价值。因为村镇银行发放贷款一般采用"软数据"的贷款技术，大多无抵押、无担保，主要采用"关系型融资"方式管理和营销。这些贷款一旦脱离了村镇银行的控制也几乎难以保留价值。因此很少有银行愿意并购村镇银行。如何解决？并购基本上只能由发起银行来开展，这是在现实约束条件下对问题银行进行处置的次优政策选择。若不能实施并购，则又只能将发起银行作为"过桥银行"。

（3）破产式退出。在处理有问题银行时，应该有序而迅速。有序是指处理问题时条理清晰、弄清事实、突出重点、有条不紊，同时要符合《公司法》等相关法律的规定。快速是指处置机构能够依据法律授权及时介入干预问题银行，防止扩散风险。但从我国的实践情况来看，一般破产退出的时滞较长。监管机构均是在金融机构发生资不抵债或存款挤提等恶性事件后，才被允许采取措施。鉴于此，村镇银行破产式退出建议有两个：第一是修订现有的《破产法》，采取与普通公司的破产程序和处置权不同的退出设置。第二是设置更加严格的退出触发机制，给予处置机构一定的启动破产程序的自由裁量空间和权限。如果资本充足率降至 2% 及以下，可越过接管程序直接进入关闭银行的流程，以防止处置机构因延迟启动破产程序而导致更大的损失。

实践证明，银行破产制度和存款保险制度是相互作用的，他们能够最大限度地规避金融系统性风险并保护存款者的利益。我国的《存款保险法》终于出台了，虽然姗姗来迟，但毕竟面世了。虽然目前暂行规定的最高赔付额仅有50 万元，可能对城镇居民来讲是"得不偿失"或"杯水车薪"，因为大多数人在银行存款已经超过 50 万元，但它毕竟是一个新的开启！而且这对大多数乡村农民而言，也让他们确实是吃了一颗"定心丸"。不过，村镇银行适用存款保险制度有三个问题要注意：第一是如何计算存款保险保费费率，因为村镇银行的贷款几乎没有抵押和担保，同时缺少亏损的历史数据。第二是如何确保理赔及时，因为普通公民尤其是农民对求偿便捷性要求比较高。应尽可能设立简单、透明的存款保险实施细则，对赔付存款的最长时间作出确定性的限制规定，给予存款人以合理的预期。第三是应在风险意识和金融意识相对薄弱的农村地区，持续宣传存款保险制度的目的、意义、保障范围及有关限制。

第8章
社区银行相关案例分析

8.1 邹平××村镇银行：坚守服务"三农"市场定位

一、成立背景

邹平县金融业总体运行状况良好，与山东省内各县市比较，有良好的金融经营环境和经营业绩。近年来，该县把金融作为经济发展的核心推动力，高度重视金融生态建设，不断加大政策支持，优化金融生态环境，完善金融服务体系，实现了金融业快速健康发展。随着金融生态环境的不断优化，众多金融机构争相进驻设立分支机构，金融洼地效应初步显现。

由于多方面原因，与县域经济发展的现实需要相比，县域金融服务仍存在一定差距。主要体现在：县域金融业务需求旺盛，金融机构支持"三农"的内生动力不足，县域金融机构自身建设滞后于经济发展，支农服务能力还难以满足多元化的县域金融服务需求。因此，进一步扩大培育和发展新型农村金融机构仍然十分必要。

解决农村金融难题的途径之一就是广泛设立为农村中小企业和农民提供金融服务的机构。这些因素为村镇银行的发展提供了良好的契机。

邹平××村镇银行以"立足县域，服务'三农'，支持小微"为经营宗旨。服务对象主要面对"三农"、中小微型企业、个体工商户和社区居民，经银监局批准后可经营：吸收公众存款，发放短期、中期和长期贷款、办理国内结算、办理票据承兑与贴现、同业拆借、代理发行、代理兑付、承销政府债从事银行卡业务、代理收付款项及代理保险业务，以及经国务院银行业监督管理机构批准的其他业务。

二、贷款结构与管理方式

（一）贷款结构

2010—2012 年邹平××村镇银行贷款结构情况如表 8 - 1 所示，该行贷款结构中贷款期限以短期贷款为主，贷款的种类主要是保证贷款。

表 8 - 1　　　　邹平××村镇银行 2010—2012 年贷款结构一览表　　　单位：万元

	2010 年	2011 年	2012 年
当年累计新发放贷款金额	31 428	86 234	127 516
期限情况			
短期贷款	31 428	86 224	127 496
中长期贷款	0	10	20
贷款种类			
信用贷款	—	—	—
抵押贷款	5 462	7 654	9 653
质押贷款	1 180	6 143	7 014
保证贷款	24 786	72 437	110 849
其他贷款	—	—	—

（二）贷款管理方式

贷款实行"审贷分离、分级审批"制度。成立了信贷审查委员会，对信贷业务进行专业审查。日常贷款管理严格按照监管部门"三个办法，一个指引"要求，坚持贷款"三查"制度，严格贷前调查、贷中审查和贷后检查。贷前调查时，由客户经理采用双人实地调查核实的方式，详细核实企业经营状况。贷中审查时，贷款审查人员重点关注借款主体和信贷投向的整体风险状况，并报信贷审查委员会集体审议。贷后检查时，采取定期和不定期两种方式，核实实际用途与申请用途是否一致，及时了解信贷业务风险变化情况。

（三）存款管理情况

2012 年 6 月，人民银行允许存款利率上浮，为提高市场竞争力，村镇银行大多实行了存款利率上浮政策，把存款利率均在基准利率基础上一律上浮 10%。

表8-2　　　　　邹平××村镇银行2010—2012年存款结构表　　　　单位：万元

	2010 年	2011 年	2012 年
各项存款合计	46 224	92 158	149 568
存款来源渠道			
企事业单位活期存款	7 894	36 829	42 806
企事业单位定期存款	21 215	27 571	60 214
机关团体存款	1 156	2 501	3 518
活期储蓄存款	3 512	8 421	11 201
定期储蓄存款	7 026	7 451	16 508
其他存款	5 421	9 385	15 321

由表8-2可以看出，该行的主要存款为企事业定期存款；各项存款在2010—2012年三年间稳步增加；其中企事业单位的存款增速最快。

（四）风险防范及控制措施

首先，完善规章制度，加强风险管理。积极制定适应"三农"特点的信贷政策，严禁向限控行业发放信贷；根据资本净额实际状况确定同一借款人及单一集团企业客户的最高授信额度，严禁超比例发放大额贷款；坚持小额分散原则，调整优化信贷结构，防止风险积聚。

其次，严格执行贷款"三查"制度，按照审慎原则确保贷款合规。

第一，严格授信审查，强化非财务因素分析。对授信客户，该行进行贷前调查时，细化调查重点，同时加强了解授信企业实际控制人的真实动态，尤其是个人资信、主要资产、民间借贷等。

第二，坚持集体审议，完善信审会制度。严格执行集体审议制度，制定信贷审查委员会工作制度和控制程序，对每笔授信业务均由信审会集体讨论通过。

第三，信贷档案集中管理，防范信贷操作风险。针对该行办理的各项信贷业务，每笔信贷档案均整理到档案盒专门保管，对存放的档案实行专柜保管和AB角负责制，确保信贷档案的完整性。

（五）经营业绩情况

2010—2012年，邹平××村镇银行经营业绩情况如表8-3所示。

表 8-3　　　　邹平××村镇银行 2010—2012 年经营情况统计表

项目	2010 年	2011 年	2012 年
基本状况			
员工数量	22	30	45
实收注册资本（万元）	5 000	15 000	15 000
存款总体情况统计			
存款余额（万元）	46 224	92 158	149 568
累计办理存款业务数量（笔）	3 521	11 631	20 741
累计办理存款户数（户）	2 215	7 453	13 988
贷款余额（万元）	31 228	70 942	112 922
贷款户数（户）	101	212	345
贷款累计发生金额（万元）	31 428	117 662	245 178
累计贷款业务数量（笔）	135	375	634
累计贷款户数（户）	103	252	407
最高单笔贷款规模（万元）	500	500	1 500
最低单笔贷款规模（万元）	0	8	5
小企业贷款			
小企业贷款余额（万元）	22 891	51 062	80 174
小企业贷款户数（户）	58	125	211
小企业贷款累计发生额（万元）	23 091	82 227	171 633
小企业贷款累计发生笔数（笔）	71	181	291
农户贷款			
农户贷款余额（万元）	1 235	4 654	8 518
农户贷款户数（户）	29	65	78
农户贷款累计发生金额（万元）	235	7 189	14 707
农户贷款累计发生笔数（笔）	38	112	195
其他资金运用情况			
余额合计（万元）	15 151	57 279	77 386
存放金融同业（万元）	10 683	30 245	27 080
存放发起行（万元）	10 010	25 135	20 350
购买债券（万元）	—	—	—
其他资金来源渠道			
余额合计（万元）	−500	1 455	3 580
拆入资金（万元）	—	—	—
当年利润（万元）	−500	1 455	3 580

由表 8 - 3 中可以看出，从 2010 年到 2012 年，该行员工人数不断增加，规模不断扩大；存贷款余额稳步增长，吸金和放贷能力有所提高；存贷款涉及户数不断增长，客户源扩大，说明该行的影响力不断增加；贷款方面，其中涉及中小企业和农户的贷款额和贷款户数都稳步增长，说明该行在支持"三农"方面发挥着越来越大的作用；该行的年利润稳步增加，经营状况良好，发展潜力大。

三、邹平××村镇银行可持续发展的制约因素

自成立以来，邹平××村镇银行发放农户贷款和小企业贷款的数量和金额不断增加，有效地活跃了当地金融市场，促进了地区经济增长和人民收益的增加，不过，成绩的背后也暴露出一些问题，对该行的可持续发展形成了一定的威胁。

（一）内部因素

1. "三农"定位偏离

（1）初始定位

自国有商业银行撤点并县、上收信贷发放权，逐渐淡出农村金融市场之后，农村信用合作社"一家独大"在农村金融供给中牢牢占据垄断地位，造成了农村地区银行网点稀少、金融供给不足、服务效率低下的局面。为了健全农村金融体系、活跃农村金融市场，2006 年银监会出台意见鼓励成立新型农村机构，在此背景下邹平××村镇银行应运而生，为当地农村金融的发展注入了新鲜血液。可以说，邹平××村镇银行自诞生之日起就拥有极其明确的市场定位，那就是作为农村信用合作社的有益补充，有针对性地为农民、农村个体工商户以及农村小微企业提供金融服务（尤其是资金支持），以挖掘农村金融市场潜力，增加有效金融供给。如此明确的市场定位使村镇银行成为区别于传统商业金融与合作金融的特殊金融机构，也为村镇银行这一新生事物找到了在纷繁复杂的金融机构竞争中立足的狭小空间。从这一意义上讲，坚守支农市场定位是村镇银行可持续发展的根基。

（2）定位偏离的表现

近年来，城镇化的推进和农村经济的发展催生了农村地区旺盛的金融需求，由此带动了邹平××村镇银行盈利的增长、网点的增加和规模的膨胀。但是，在后续的发展壮大过程中，该行却逐渐偏离了自身的初始定位，一味谋求做强做大，甚至表现出了强烈的"脱农"欲望，这显然会严重危害其自身的可持续发展。

　　首先，在服务区域的选择上，专注县域地区放弃基层贫困地区。邹平××村镇银行的宗旨为"立足县域，服务'三农'"，但是在实际业务操作过程中却演变成为"专注县域，服务小微"，目前该行业务的主阵地在于邹平县城，与农村信用合作社、邮政储蓄银行以及城市商业银行展开激烈竞争，基本不涉及最基层贫困地区。由此造成了基层金融供给不足和县域恶性竞争并存的局面。

　　其次，在存款客户的选择上，过分倚重企业单位对公存款和事业单位财政存款。参照孟加拉乡村银行以及美国社区银行的发展状况，村镇银行存款来源中农村居民储蓄存款应该占据相当大的比例。但是，实地调研数据显示，2010—2012 年邹平××村镇银行存款来源中企事业单位存款和机关团体存款总和所占的比重依次为 65.47%、72.59% 和 71.23%，相比之下居民活期储蓄存款比重仅占 7% 左右。存款来源结构单一充分说明村镇银行在开发农村金融市场潜力方面的工作仍不到位，支农助农金融服务还未能形成规模。

　　最后，在贷款类型的选择上，以发放面向中小企业的短期贷款为主。调研数据显示，2012 年该行发放小企业贷款 211 笔，涉及金额 171 633 万元，发放农户贷款 78 笔，贷款余额 8 518 万元，显然小微企业是该行信贷客户的主体。在贷款期限方面，2010—2012 年该行中长期贷款数额依次为 0、10 万元和 20 万元，相比之下，2012 年的短期贷款额达到了 127 496 万元，说明该行的贷款期限以短期为主，不利于农村基础设施建设和乡镇企业的长远发展。

　　（3）市场定位偏离的原因分析

　　村镇银行在发展过程中逐渐偏离初始的支农定位是市场规律自发调节的结果，具体原因可以概括为缺少差异化经营压力、难以抑制做强做大冲动以及不具备微型金融服务能力三个方面。

　　首先，在外部环境方面缺少开展差异化经营的动力。目前以银行为主的间接金融在中国金融市场中占据主体地位，银行贷款仍然是企业最重要的资金来源渠道。在农村金融体系的层次性日益丰富的今天，难以在商业金融系统中融通资金的小微企业迫于生存压力会主动寻求村镇银行的帮助，村镇银行仅仅依靠填补商业金融业务空白就可创造可观的收益，缺少差异化经营的压力和动力。

　　其次，在市场规律作用下存在做强做大的原始冲动。现行的《村镇银行管理暂行规定》中存在"单笔贷款不得高于其资本总额 10%"的硬性约束，为了发放更高数额的单笔贷款获取更大利润，村镇银行不得不扩充注册资本、增加营业网点数量和规模。除利润刺激以外，村镇银行的发起行也希望其做强做大后有能力将更多资金同业存放在自己账户内，从而为自身发展提供更多的资金支持。此外，村镇银行做强做大也符合地方政府的业绩考核需要，容易得到优惠政策支持。

最后，在主观上村镇银行不具备开展微型金融服务的能力。现有的村镇银行全部是由政策性银行、国有商业银行、股份制商业银行或者城市商业银行发起设立的，其经营管理和业务流程也基本上是照搬发起行经验。商业金融以经营大型企业贷款为主，对于微型金融的发展涉猎不深，难以为村镇银行提供有益的借鉴。此外，村镇银行员工往往在知识储备和实践经验上存在短板，自身的科研攻关能力较弱，难以摸索出切实有效的微型金融服务道路。

2. 资金来源不足

盈利空间是村镇银行生存发展的基础条件，在中间业务不发达的情况下，村镇银行的盈利模式仍然是依靠信贷扩展来赚钱利息收入。充足的资金数量和丰富的资金来源是信贷发放的基础和前提，但是相比于农村地区旺盛的金融需求，目前村镇银行普遍存在着融资渠道狭窄导致资金匮乏的现象。

（1）资金来源不足的表现

一般意义上，商业银行的资金来源主要包括股本、负债以及同业拆借三种渠道。其中，股本是商业银行成立时股东投入的出资额度，一般只占据很小比例；负债是银行资金的最重要来源，包括主动负债和被动负债两种形式；同业拆借是商业银行为了轧平头寸或者缓解短期资金压力而向其他金融机构出借的款项，一般期限短数额小。村镇银行作为一种特殊的商业金融机构，其资金来源也主要依赖对客户的负债，但是不论是在主动负债还是在被动负债方面，村镇银行都遭遇到了较大的困难，由此造成了其资金来源不足的困难局面。

首先，被动负债数额有限。村镇银行能够吸纳到的农户个人存款极其有限，更多地依靠企业单位的对公存款以及事业单位的财政存款，并且在日趋激烈的金融竞争下这部分存款的数额逐渐减少、揽储难度逐渐上升。

其次，主动负债渠道不畅通。一方面，现行的村镇银行管理办法对村镇银行施加了严格限制，禁止其发行、买卖金融债券；另一方面，该行纳入人民银行支付结算体系的申请尚未通过，也就不具备从其他银行拆借资金的载体和渠道，短期资金融通难度增加，不利于村镇银行业务的开展。

最后，流动性问题值得担忧。随着城镇化进程的推进以及各项优惠政策的实施，邹平地区经济出现了显著进步，个体工商户、村办企业以及乡镇企业大量涌现，产生了大量的资金需求。由于自身资金来源少、周转不及时，村镇银行不可避免地出现了流动性紧张问题。现行的监管办法对村镇银行的存贷比要

求上限是 75%，2010—2012 年邹平××村镇银行的存贷比分别达到了
67.56%、76.98% 和 75.49%，部分年份已经超过了现行监管办法要求的 75%
的上限，需要引起充分关注。

（2）资金来源不足的原因

第一，农村地区闲置资金有限。作为农村金融体系的补充者，村镇银行服
务的区域往往是商业金融放弃的经济欠发达地区。这些地区以农业生产为主，
居民工资水平普遍不高，小微企业数量少且大多是小本经营，可以存入银行的
闲置资金少。资金存量不足在客观上限制了村镇银行存款数量的增长。

第二，知名度低，群众不够信任。村镇银行在很多地区还是新生事物，服
务网点少、知名度低，与城市商业银行、农村信用社、邮储银行相比劣势明
显，难以赢得群众的信任。一般情况下，群众愿意选择到村镇银行进行优惠利
率的小额资金借贷，然后把自己的存款存放在知名度更高的国有银行或者农信
社等其他金融机构。大量农村居民、企业只借不存加剧了村镇银行流动性紧张
的现状。

第三，服务能力差，机构存款有顾虑。既然在吸收个人存款方面难以取得
优势，村镇银行只能把存款客户转向机构存款，但是在这一领域同样存在障
碍。首先，村镇银行数量少且现代化程度低，网点覆盖率低难以形成规模优
势，将开户行设为村镇银行的企业在现金存取、支付结算方面要付出更大的时
间成本；其次，目前绝大多数村镇银行没有实现与人民银行资金结算体系的对
接，无法满足对公业务要求资金结算快捷安全的条件，对机构存款的吸引力自
然大打折扣。

3. 风险控制机制不完善

不管是在理论上还是现实中，风险与收益都是如影随形的，高收益必然伴
随着高风险，现代银行业的发展越来越强调风险管理的重要性。村镇银行在实
际运营过程中也面临着诸多风险，但是相应的风险控制机制却不够健全，因此
继续强化风险控制工作是村镇银行未来可持续发展的关键。

（1）邹平××村镇银行面临的风险现状

首先，信用风险是该行面临的首要风险。该行设立在经济相对落后的邹平
地区，面向的产业是受自然灾害影响巨大的农业，信贷投放的客户是生命周期
短暂的小微企业，接触最多的群体是现代信用观念尚待提高的农民群众。一旦
遭遇异常气象灾害或是企业资金周转走到绝境，已经发出的信贷资金就面临无
法收回的风险，农村信用社居高不下的呆坏账率就是一个很好的例证。

其次，流动性风险状况需引起重点关注。2010—2012 年该行存贷比分别

已经逼近或超过了现行监管办法规定的 75% 的上限。在资金来源渠道短期内无法拓展的情况下，这种危险局面还可能会进一步升级。

最后，该行面临一定的操作风险。该行现有的工作人员大多为农信社、邮储银行跳槽员工或地方企事业单位财务人员，一线员工大多来自村镇，在一定程度上存在着知识储备不足和纪律观念淡漠的情况，在实际业务操作过程中可能会因为客观甚至主观因素的影响出现失误或违规现象，给该行带来不必要的损失。

（2）风险控制机制不完善的表现及原因

第一，股权结构不合理。在该行的股权结构中，发起行占据了 51% 的优势股权，拥有经营管理权和最终决定权，其余 10 家股东持有 49% 的股权，无自然人股东。这种股权结构决定了该行难以摆脱发起行行附庸的角色，在经营内容上是发起行的拓展和延伸，无规避风险的自主操作权；揽储资金存入发起行账户并交由其运作，抑制了民间资本投资的积极性，加剧了流动性不足的风险。

第二，内控机制不健全。考虑到该行规模较小，过多的机构层次会减缓市场反应灵敏度并增加运营负担，因此邹平××村镇银行在成立之初只任命了独立董事，未设置单独的董事会和监事会等部门，也就没有建立起完善的法人治理结构，三权分立的权力制衡局面没有形成，造成了大股东独揽大权的现象，不利于决策的科学制定和有效执行。此外，该行的风险管理工作主要是面向制度建设方面，没有建立起现代化的风险测度数字模型，未获得贷款征信系统的直接使用权限，潜在风险的检查和计量工作主要依赖人工完成，工作效率和准确度难以得到保证。

第三，市场退出机制不健全。目前银行业尚未建立功能完善的市场推出机制，当村镇银行遭遇重大冲击被迫破产时，股东及客户权益难以得到保障。作为一级法人，村镇银行承担着以其全部资产补偿民事责任的义务，当银行破产清算后的剩余价值不足以偿还时，又缺乏必要的存款保险制度。

4. 结算渠道不畅通

村镇银行的成立填补了商业金融在农村基层地区的空白，为农户以及农村小微企业的金融需求提供了更多选择。但是，由于村镇银行规模小、时间短，尚未组建自身结算平台和支付系统，必须借助其他银行机构的帮助。结算渠道不通畅严重限制了村镇银行职能的发挥。

（1）村镇银行结算渠道现状

目前村镇银行均是通过发起设立的方式组建起来的，其经营管理和运营模式实际上也由发起行控制完成。根据发起行性质的不同，现有的村镇银行结算模式可以简单分为以下几种如表8-4所示。

表8-4　　　　　　　　村镇银行结算模式比较分析一览

村镇银行类型	结算模式	内容简介
1. "国"字号	"母子一体"	大都作为母行的县域分支机构进行结算安排，依托母行结算渠道和结算平台进行资金汇划，技术参数一致。
2. "政"字号	"借灶吃饭"	仅可利用母行间接加入大小额支付系统，要开展结算业务特别是发卡，必须借助他行网络平台。
3. "股"字号	"各有不同"	结算模式因主发起行的决策行为而有所不同，或依托当地国有商业银行间接加入支付系统，或依托母行加入大小额支付系统。
4. "地"字号	"自成一派"	除大小额支付系统间接通过母行接入外，对银行卡、网络并无实质性安排。
5. "外"字号	"兄弟携手"	利用其母公司设立的商业银行进行转汇、现金等基本的资金清算，并未利用间接方式加入大小额支付系统。

如表8-4所示，受发起行机构设置和业务特点限制，村镇银行在资金结算上存在极大的困难。例如，作为政策性银行，国家开发银行的网络平台都是专门针对对公业务研制开发的，与村镇银行的常规业务不符使得村镇银行必须借助其他家银行机构的网络进行资金划汇；股份制商业银行、外资银行为压缩成本提高效率只在经济发达城市设立分支机构，因此股字号、外字号的村镇银行只能借助国有银行的县域网点进行资金结算，网上银行以及发卡业务受到极大的限制，而该村镇银行就属于股字号；地方商业银行虽然在农村地区布局了大量营业网点，但是其自身结算尚依靠国有银行，自然难以为地字号村镇银行的结算业务提供直接帮助。

（2）结算渠道不通畅的原因

第一，行内汇划系统并不适用。尽管现行的村镇银行管理办法规定允许符合条件的村镇银行通过一定方式接入央行资金清算体系，但是从现实情况来看，行内汇划系统并不适用。从程序上看，申请加入的手续烦琐，最长需要三年时间才能成功，其间巨大的人力物力付出令人望而却步；从技术上看，接入行内汇划系统需要开发相应的软件，由此引发巨大的科技投入与维护成本，对业务量较小的村镇银行来讲显得入不敷出；从管理上看，行内汇划系统对银行支付结算业务的要求较高，但是目前村镇银行在清算差额资金、查询查复业务处理等方面明显达不到要求。

第二，同城交换系统难以加入。同城交换系统是区域内银行机构调剂资金余缺的重要渠道，也为村镇银行提供了更多选择空间。但是，同城交换系统的运行是以票据为工具的。根据人民银行票据凭证印制的管理办法，村镇银行的票据印制申请需要提交各种手续、经过层层审批、经历较长的时间跨度才能最终落实。在此期间，村镇银行手头无票据可用自然无法通过同城交换系统融通资金。除此之外，同城交换系统对于申请加入的银行机构还存在严格的资质限制，该行在资金业务量以及银行信用方面距离进入门槛还存在差距。

第三，代理渠道不被接受。鉴于村镇银行缺少结算渠道的现状，目前许多商业银行推出了代理接入支付系统客户端的服务并主动提起申请，但是考虑到代理会泄露村镇银行宝贵的客户资源从而引发资源争夺方面的潜在风险，该行最终选择拒绝其他商业银行代理结算的请求。

5. 人才基础薄弱

村镇银行扎根基层立足城乡，需要既掌握金融知识又了解农村状况的复合型人才，但是这一要求在现实中难以得到满足。村镇银行现有的工作人员大多为农信社、邮储银行跳槽员工或地方企事业单位财务人员，符合开展业务的基本要求，但是知识储备与创新意识不足，难以满足该行的长远发展需要。

首先，人才吸引力不足。邹平××村镇银行成立时间短，规模小风险大，自身的经营发展存在很大的不确定性，难以提供像大型商业银行一样的成长空间和福利待遇，因而不能对金融人才形成足够的吸引力。

其次，高校毕业生缺乏基层工作兴趣。高校毕业生数量增长迅速，2014年已经达到740万人左右，就业压力居高不下。但是受传统就业观念的束缚，大部分毕业生在潜意识里仍然认为只有留在大城市才有发展空间，只有进入企事业单位才有社会地位，只有领取高工资才能实现人生价值，因此对基层工作怀有抵触心理。村镇银行大多设立在经济欠发达的农村地区，工作环境、工资待遇、业务内容与大城市相比存在较大差距，使得许多高校毕业生缺乏入职兴趣。

（二）外部因素

1. 农村金融生态环境不佳

作为现代经济的核心，农村金融是农村地区经济发展的关键要素。但是，受长期的二元经济体制结构的影响，我国农村金融生态环境存在诸多问题，主要表现为经济基础薄弱、社会信用缺失、法制建设不健全和农业保险不完善四个方面。

首先，邹平经济基础薄弱，金融运行的基础不牢固。邹平县是滨州市下辖的一个县城，包括858个行政村，农业人口占绝大多数，是全国重要的粮棉产地，以农业为基础产业。尽管近年来邹平县经济取得了突飞猛进的发展，进入全国百强县的行列，但是整个县城仍然肩负着大量的新农村建设任务，整体发展水平依然相对落后，人均收入水平不高。农业经济活动的高风险和周期性决定了邹平经济基础薄弱的局面，较低的生产生活水平抑制了金融需求的增长，大量农村资金外流也不利于当地金融的长远发展。

其次，社会信用缺失，未建立完整有效的信用体系。农村地区民风淳朴，但是信用观念相对淡漠，信息资料难以收集，尚未建立起完整有效的信用体系。少数企业和个人存在"贷款就是纯利润"的错误观念，借贷之前不想归还，借贷之后千方百计偷逃、抵赖金融债务，由此造成的恶劣影响严重污染了农村信用环境。在依法催收的过程中，又存在着执行不到位、司法打白条的现象，助长了不良风气。守信者未得到有效保护，失信者未受到严厉制裁，农村地区信用关系严重扭曲，不利于金融供给的增加和金融体系的优化。

再次，法制建设不完善，致使金融秩序混乱。现阶段针对农村地区金融活动的法律法规不完善，存在一些法律空白或司法漏洞，少数机构运行或金融行为面临无法可依、有法难依的困难局面，导致金融运行乱象环生，2012年夏季爆出的特大高利贷崩盘丑闻就是一个很好的例证。

最后，农业保险存在问题较多，风险分散转移机制缺位。目前农业保险法律不完善，农业保险政策扶持不到位，再保险机制不健全，这些因素导致农业保险供给主体较少，农业保险险种不足，覆盖面较低，使风险过于集中在保险经营主体自身而难以分散，影响经营主体的经营效果，进而增加了涉农金融机构的风控难度。

2. 政策支持力度不足

村镇银行担负着增加农村金融供给、挖掘基层金融潜力的政治任务，是能够对经济社会协调发展产生深远影响的新生事物，理应得到国家优惠政策支持。同时，鉴于村镇银行业务范围和客户群体高风险性，未来村镇银行的健康发展也离不开国家政策的支持。但是，现有的财政政策、金融政策以及税收措施对村镇银行的发展存在一定的不利影响，未来需做适当调整加强政策支持力度。

首先，在财政政策方面。为了促进新农村建设和农村金融机构的发展，国家出台了大量的优惠财政政策，但是现有的扶持政策并非针对特定的金融产品和市场而是针对特定业务、特定机构和特定区域，导致出现同样从事涉农业务村镇银行却无法得到补贴的怪现象。未来必须加强财政扶持政策对于村镇银行的覆盖广度和深度，防止出现变相鼓励脱农的情况发生。

其次，在金融政策方面。相关的金融政策主要是指全面放开贷款利率管制。诚然，利率市场化是我国金融市场健康发展的必要条件，但是"一刀切"式的贷款利率放开对农村金融的发展产生了不利影响。资本具有逐利的本性，农村地区经济基础薄弱且信用体系不健全，对于追求风险可控下利率最大化经营目标的商业金融而言，贷款利率全面放开势必会加剧农村资金外流的状况，在市场规律的作用下村镇银行也容易偏离初始的支农市场定位。

最后，在其他政策方面。目前农村信用社的营业税税率为 3.3%，村镇银行则需按照 5% 的比例缴纳。例如在金融政策方面，全面放开贷款利率城乡"一刀切"，这势必会加剧农村资金外流的状况，在市场规律的作用下村镇银行也容易偏离初始的支农市场定位。农村信用社享受优惠的再贷款利率，村镇银行却与商业银行完全一样；村镇银行吸储困难是不争的事实，但是却无法得到优惠的存款准备金率待遇。

3. 金融监管存在的问题

首先，监管措施失当。村镇银行属于新生事物，无成熟完善的监管体系，也无法照搬国外经验。目前，银监会针对村镇银行实行的是"低门槛，严监管"的监管措施，对于村镇银行新设机构和开展业务执行较低的市场准入标准，对于实际经营提出刚性的严格要求，这的确有利于活跃农村金融市场、强化风险控制。但是，低门槛容易造成行业无序竞争和业务混乱，严监管加剧了村镇银行的经营困境，未来要加强创新，摸索出更为优化的监管措施。

其次，监管能力不足。近年来村镇银行数量呈几何级数增长，但是监管机构却未进行大的扩充，由此造成了监管人手不足的窘境。现场监管是重要的监管措施，但是村镇银行所在的县域往往没有银监系统的派出机构，现场监管的效率大大降低。同时，村镇银行的业务特点、机构设置与传统商业金融存在区别，监管机构也必须进行相应的调整以提升监管效果。

最后，地方政府过度干预。村镇银行的成立能够有效促进地方经济的发展，符合地方政府招商引资的需要，能够满足政绩考核的要求。因此，地方政府往往定位不清，难以把握政府干预的方式和程度，一厢情愿地将急功近利的政绩欲望施加到村镇银行之上，对于机构的设置和运营施加过多的干预，违背了市场经济规律和金融发展的需要。

4. 缺乏必要的保障机制

首先，缺乏针对村镇银行的保障机制即存款保险制度。存款保险制度来源于美国，是指存款机构按照吸收存款数量的多少向原有或新建的保险机构缴纳一定数额的保险金，当金融机构遭遇严重危机或濒临破产时，由保险机构向其提供财务救助或者直接支付存款人的全部或部分存款。存款保险制度对于维护存款人信心、稳定金融秩序具有重要作用，但是我国目前尚未建立起显性的存款保险制度。这不利于村镇银行吸收公众存款，毕竟村镇银行是一个新生事物，社会公众对于它的抗风险能力以及未来的发展前景都没有准确的判断，在缺乏保障机制的情况下不愿意将资金存放其中。

其次，缺乏针对农业活动的保障机制即农业保险制度。村镇银行面向农民和农村地区，农村地区的支柱产业是农业活动，因此农业活动的收益与村镇银行的兴衰具有紧密联系。农业活动受气候条件和市场波动的影响巨大，收成存在很大的不确定性，农业保险可以显著提高农业活动的抗风险能力。但是目前农业保险险种单一、覆盖面积还不够广泛，也影响了农民收益的稳定性和农村经济的持续发展，进而对村镇银行的业务开展产生一定的负面影响。

最后，缺乏针对资金借贷的保障机制即抵押担保。村镇银行信贷资金的发放首先要做好风险控制，在农民资料信息难以收集、农村信用体系尚未建立的情况下，投放资金必然强化对于抵押担保物品的要求。但是农民资产相对匮乏，缺少流动性强的抵押担保物品。尽管目前中共中央放开了禁止转让土地承包经营权的限制，但是相应的土地金融产品较少，也难以得到大多数农民的认可，在实际操作过程中存在很大的局限性，短期内难以改变抵押担保物品缺乏的现状。

四、邹平××村镇银行可持续发展路径

（一）明晰并坚守市场定位

市场定位使得村镇银行成为了区别于传统商业金融与合作金融的特殊金融机构，也为其找到了在纷繁复杂的金融机构竞争中立足的狭小空间，可以说坚守支农市场定位是村镇银行可持续发展的根基所在。但是邹平××村镇银行在发展壮大过程中却逐渐迷失了这一根本方向，过分追求做强做大，甚至表现出了强烈的"脱农"欲望，因此要促进该行的可持续发展，必须首先明晰并坚守其自身的市场定位，做百姓身边的"草根银行"。

1. 目标定位——专注"三农"

村镇银行在成立之初就被赋予了神圣的使命，那就是深入传统商业金融不愿涉足的基层农村地区，打破农村合作金融的垄断局面，以活跃农村金融市场，以优质的产品和服务满足农民、农业活动以及农村建设中差异化的金融需求。中国是农业大国，"三农"领域一直以来都是国家的弱势项目和重点扶持领域，村镇银行把自身的经营目标牢牢定位在"三农"服务上，把自身的发

展同中国特色新农村建设的时代背景融合起来。这就要求该行员工调研当地经济运行状况，深入田间地头学习农业知识，了解农村建设的方向和途径，极富针对性地提供"三农"发展所需的金融产品和服务。

2. 客户定位——服务"微小"

农村地区的借贷主体可以分为高收入农户、中低收入者、龙头企业以及小微企业四种类型，其中高收入农户和龙头企业资金需求量大且资质良好，是商业金融和合作金融的优质客户，可以较为方便地进行资金融通。相比之下，低收入农户和小微企业的资金需求就难以得到满足。村镇银行的客户定位应该以这部分人群为主，如果单纯地与传统商业金融和合作金融争夺优质客户资源，就只会造成存量资金在不同群体之间的转移，难以起到挖掘农村金融潜力、扩大金融覆盖广度和深度的作用。从中低收入农户和小微企业的现实状况来看，小微企业船小好掉头，具有经营方式灵活、创新意识强的优点，但同样也面临着生命周期短、信息不透明以及缺乏抵押担保物品的缺陷。村镇银行在服务小微的过程中要正视上述问题，创新担保抵押形式、建立小微企业信息档案解决"拒贷""惜贷"的问题。同时，要树立长远眼光，敢于对具有稳定未来现金流和广阔发展前景的农户和企业发放长期贷款，使其获得相对稳定宽松的资金环境，可以把主要精力集中到自身的发展壮大上来。

3. 区域定位——村镇

虽然经济现状好的区域有更多的金融需求，可以为村镇银行带来更大利润，但是村镇银行肩负着发展农村经济、缩小区域经济发展不平衡的政治任务，不能将眼光仅仅盯在利润表上，而是要勇敢地肩负起帮扶贫困村镇脱贫致富的政治任务。从这个意义上讲，邹平××村镇银行应该在实际业务操作过程中增加对基层贫困村镇的覆盖面积，积极向落后地区的困难群体提供金融服务。邹平全县下辖 13 个镇 3 个街道办事处 858 个行政村，其中的魏桥、韩店、长山、明集通过发展工业、现代农业和旅游业取得了较快的发展，相比之下，台子、码头、临池、孙镇、九户等仍然以传统农业耕作和外出打工为主，经济发展水平相对落后。邹平××村镇银行要改变业务量集中在魏桥、长山的现状，深入码头、台子等贫困落后地区，了解群众现状和需求，甄别其中的潜在优质客户给予重点帮助，以点带面拓展业务数量，营造自身盈利和当地脱贫的双赢局面。

（二）加强治理和风险防范能力

1. 完善法人治理结构

由于注册资金规模较小，出于提高决策效率和市场灵敏度的考虑，邹平×

××村镇银行在成立之初只任命了一名执行董事，未设置单独的董事会和监事会，造成掌握51%股权的发起行大权独揽的现象。没有完善的法人治理结构，也就不能形成三权分立的权力制衡局面，不利于权力的约束和决策的科学性。为了群策群力共同规避金融风险，必须完善本行的法人治理结构。首先，要增设董事会。董事会建设是法人治理的核心，本行的所有事务都在董事会的领导下进行，因此要在公司管理层中挑选精明能干的骨干人物，与其余的重要股东一起组成董事会。此外，还可以增设与本行没有直接业务联系的独立董事，具体人选可以在有金融、企业管理、战略研究等专业背景的专家学者中挑选。其次，要增设监事会。监事会负责监督公司的日常经营活动以及对管理层的违规行为予以指正。监事会的具体人选必须由股东大会选举决定，可以在股东、公司职工或者非公司专业人员中挑选正直严谨的人员担任，但董事和经理不得兼任监事会成员职务。

2. 完善股东结构

目前邹平××村镇银行的股东由11家组成，包括发起行、制造业、能源业和金融业的法人股东，无自然人和社会团体入股，资本结构和股东结构存在缺陷，限制了本行优势的发挥，因此必须要进一步完善股东机构。首先，在资本结构的组合上，要坚持"本地资本与异地资本相结合、法人资本与自然人资本相结合"，这就要求引入一定比例的异地股东和自然人股东。其次，在股东资质方面，要加强资质审查力度，强化股东对于本行经营管理的责任感和关心度，将虚假出资者和投机套利者剔除出去，保证股东结构的长期稳定。最后，在股东结构的组合上，要坚持"大股东与小股东并存、本地股东与异地股东并存"的原则，在本地吸纳一定数量的小股东，以充分发挥其人缘、地缘优势促进本行发展。

3. 建立功能完善的风险管理体系

该行的风险管理工作主要是面向制度建设方面，没有建立起现代化的风险控制流程和数字化的风险测度模型，潜在风险的检查和统计工作主要依赖人工完成，工作效率和准确度难以得到保证。所以必须强化风险控制意识，建立功能完善的风险管理体系，促进风险防控工作的流程化、标准化。首先，要组建完整的风险控制流程。完整的风险控制流程包括管理组织、风险分析和风险管理三个部分，管理组织包括行长、客户经理和信贷员之间的职责划分与工作检查，风险分析分为风险识别、风险估计和风险评价三个环节，风险管理涵盖风险预警、风险控制和风险监督三大步骤。在实际的风险控制工作中，要严格按照风险控制流程图走完上述步骤。其次，要从贷前、贷中、贷后三个角度全面做好风险控制工作。在贷前仔细审核相关资料、资金用途和抵押担保状况，在贷中要密切专注资金用途和企业经营状况，在贷后要做好总结备案工作，为将来的工作提供借鉴。

4. 制定合理有效的员工激励和约束机制

员工是决策的最终执行者，他们的工作态度和工作能力直接决定了整个风险控制工作的最终效果，因此必须探索建立切实有效的员工激励与约束机制，以端正员工态度，提升员工工作能力。首先，要建立科学的绩效评价体系，然后对员工表现进行定期考核，对于表现优异的员工给予适当物质奖励，并作为模范代表在本行内部宣传经验，对于表现较差的员工要给予一定的批评惩罚，通过正反两个方面的比较激励员工追求进步。其次，可以采取股权激励的方式，鼓励内部员工在经济承受范围内尽可能多地购买本行股份，把员工的经济利益与银行的经营管理状况直接联系起来，这样就能充分调动员工的工作积极性，增强员工的主人翁意识，从而切实提高银行的风险防范能力。

（三）推进品牌与业务创新战略

1. 加强宣传介绍，提升社会认可度

邹平××村镇银行成立的时间较短，品牌也不如其他商业金融与合作金融机构响亮，许多公众对其感到陌生，难以放心地把闲置资金存入其中，这是吸储难的一个重要原因。为此，有必要通过多种渠道加强宣传介绍，介绍村镇银行相关情况，提升社会认可度和品牌知名度。首先，可以借助电视、网络、报纸、电台等新闻媒体的力量，制作播放本行宣传片、录制本行领导的访谈节目、在黄金时段插播银行广告、在广场大屏幕以及公交电视上进行全方位的包装宣传；其次，定期组织本行员工下乡举办知识讲座和产品推介会，发放宣传材料，普及金融基础知识，加深群众印象，提升百姓口碑；最后，在银行各网点增设电子显示屏，24小时不间断滚动显示本行存款收益率、优质金融服务以及其他优惠活动，加深群众对银行产品的了解程度，以消除心中顾虑。

2. 创新金融产品和服务，拓展客户资源

目前该银行的主要经营业绩来源于"拾"、"补"商业金融与合作金融的遗漏业务，所开展的业务与其他金融机构严重重叠，所拥有的客户资源都是其他金融机构的成熟客户，导致客户忠诚度不高，影响了本行业务数量。所以，有必要开发差异化的产品和服务，在锁定当前客户资源的同时开拓新的目标群体。首先，要创新金融产品，要根据当地居民、企业的金融需求特点以及抵押担保物品状况设计针对性的金融产品，以相对较高的投资收益、相对较低的贷款利率以及更加灵活的抵押担保要求吸引客户兴趣，在群众心目中树立起支农助农专业银行的形象，使得有资金融通需求的客户在第一时间想到邹平××村镇银行的名字；其次，要提升金融服务，可以对本行营业网点进行重新装修，给前来办理业务的用户树立良好印象，可以增加大堂经理数量为客户提供更周到的帮助，可以加强员工业务培训、强化服务意识使客户遇到的困难能够得到妥善解决。长此以往，口口相传，差异化的金融产品和服务能够带来更多客户，有效拓展吸储范围。

（四）破除资金"瓶颈"

1. 尽快加入支付结算系统

央行支付结算系统可以比喻为资金的高速公路，加入其中可以方便地进行同业拆借，实现不同金融机构之间的资金调剂余缺，这对于由于借款需求旺盛造成放贷资金短缺的村镇银行是极为有利的。因此，必须尽快提交申请并办齐相关手续，谋求尽快加入央行支付结算体系。人民银行公布的加入支付结算系统的资格条件为：经银行业监督管理机构批准办理人民币结算业务；在人民银行开设人民币存款账户；满足加入支付系统的技术及安全性指标；内部控制制度健全；具有可行的防范和化解支付清算风险的预案；人民银行规定的其他条件。需要提交的资料包括申请文件、金融许可证原件及复印件、营业执照原件及复印件、防范和化解支付清算风险的预案和支付系统行名行号申报表。该行需尽快整体提交相关文件，指派专人落实此项任务。

2. 引导民间资本参与增资扩股

民间资本实力雄厚，是当今社会不容忽视的一股力量。中国银监会也发布公告表示"支持民营企业参与村镇银行发起设立或增资扩股。村镇银行主发起行的最低持股比例由 20% 降低为 15%"。但是，调研数据显示，邹平××村镇银行并无自然人股东出资，因此未来可以考虑引导民间资本进入用于增资扩股。首先，要慎重选择民间资本类型。选择那些在促进银行稳健经营上有远见卓识、关注银行发展和社会责任的民间资本，防止因频繁的进入退出影响本行经营的稳定性。其次，要在用好、留住引入资本上下足工夫。这就要求严格依照程序操作关联交易以规避风险，给予民营股东足够的话语权以充分利用其智慧、眼光、市场资源并激发其参与经营管理的热情，充分尊重民间股东的市场性诉求，给予其足够的利润回报，帮助其突破自身局限与本行共同成长。

（五）加强人才队伍建设

高素质的人才队伍是村镇银行发展的基石，是在激烈的市场竞争中屹立不倒的保障。但是由于主观上吸引力不足以及客观上条件待遇落后，目前邹平××村镇银行优质金融人才极其匮乏，限制了业务执行力和创新能力的培养。未来一定要加强人才队伍建设，在培训现有员工的基础上吸收引进新的专业技术人才。

1. 培训现有员工

一线员工是管理层决策的最终执行者，他们的工作态度和工作能力直接代表了银行形象，决定了经营业绩的好坏。因此，加强人才队伍建设首先必须做好现有员工的在岗培训工作，以端正服务态度、增进工作能力、提高服务质量。第一，要加强现有员工的职业道德教育工作。金融行业直接与钱打交道，每天接触大量的现金，受聘职员还存在着一个委托代理关系中常见的道德风险问题。虽然银行指定了严格的行为规范和惩罚措施，但是相比于这些外在的约束条件，一个人的内在品行能起到更大的作用。因此，金融行业选用人才的标准是"德才兼备，以德为先"，更加注重员工的德行修养。加强员工的职业道德教育，就要对其进行企业文化理念的熏陶，弘扬遵纪守法、敬业奉献的职业精神，引导其从全局利益出发弃恶扬善抵制违规操作。第二，要加强员工业务能力的培训。该行现有员工中地方企业财务人员占据了很大比例，这部分人熟悉当地状况但是文化水平整体不高，金融知识储备不足，对本行业务系统的熟练程度不够，容易产生操作风险。对此要定期开展业务培训，普及金融理论和业务知识，通过考核检验培训成果，并采取培训结果与本人绩效挂钩的方式，以物质利益增强员工学习积极性，切实增强员工业务能力。

2. 吸收引进优秀人才

在主观方面，邹平××村镇银行品牌不够响亮，难以对优秀人才形成足够的吸引力；在客观方面，该行网点所在地区较为偏僻，工作环境差、工资水平低，使得优秀人才缺乏入职兴趣。在吸收引进优秀人才的过程中，村镇银行要充分考虑上述因素，制定有针对性的招聘策略，扬长避短，以升职空间、福利待遇吸引人才、留住人才。第一，开展面向高校应届毕业生的校园招聘活动。目前，村镇银行的招聘活动大多采用半公开的社会招聘形式，在官方网站上不对外公布具体的招聘计划，而是由本行员工和相关客户推荐身边的亲朋好友前来应聘，大大限制了村镇银行的选择比较空间，难以招收到有真才实学、真正符合招聘预期的学生。针对这一情况，村镇银行应该积极组织人力资源部门参加高校毕业生招聘专场，扩展选材范围，增加对比遴选的空间。针对目前村镇银行招聘竞争力偏弱的现象，可以适当推迟校园招聘的选拔时间，错开国有银行、股份制银行的招聘高峰，也能减少违约率，提高招聘工作效率。第二，拓展面向具备从业经验的社会招聘。村镇银行需要的是既熟悉农村状况又具备金融基础的复合型人才，应届毕业生短期内难以具备独立开展工作的能力，因此在每年的新进人员中要招收一定比例的具备从业经验的在职人员。这种社会招聘一般表现为从其他金融机构中"挖角"的方式。要想吸引有"跳槽"意向的人才加入，必须提供高于他现有工资水平的薪资待遇。此外，还可以针对能力高低许诺合适职位，以更大的发展空间、更快的升职速度、更高的福利待遇吸引人才并留住人才。

（六）争取更为有利的外部环境

除去自身在市场定位、资金、结算、风险控制以及人才队伍方面存在的缺陷外，邹平××村镇银行的可持续发展还受到了外界不利环境的影响，主要表现在国家政策覆盖不到、金融监管形成约束、农村信用体系不健全以及缺乏必要的存款保险制度方面。虽然外部环境短期内难以得到根本改善，但是仍然需要尽自身最大努力扭转不利现状，使上述方面向好的方向发展。

1. 争取国家优惠政策支持

村镇银行肩负着促进"三农"发展的政治任务，理应得到国家优惠政策的支持。同时，村镇银行底子薄、业务难度大，也需要借助国家优惠政策的帮助以成长壮大。但是，目前国家针对"三农"领域的许多优惠政策对于村镇银行的覆盖广度和深度严重不足，未来要加大对各项优惠政策的争取力度。第一，争取财政政策支持。现有的财政优惠政策主要面向特定的金融机构，村镇银行从事相同的业务却难以得到同等的优惠，下一步要对此进行积极的沟通，表明自己的支农立场和作用，以消除财政优惠政策歧视。第二，争取金融政策支持。"一刀切"地放开贷款利率对村镇银行造成了严重危害，农村基层信贷工作风险显著高于城市地区，而且过高的风险会抵消高收益的吸引力，导致信贷资金的流失。从国外微型金融的成功经验来看，村镇银行需要通过征收高利率来补偿风险，而且水平适当的高利率并不会减缓基层领域的借贷热情。这就需要国家允许村镇银行享有较高的"支持利率"，但是目前国内并无专门针对村镇银行的利率扶持政策。第三，争取其他优惠政策支持。与同样扎根基层服务"三农"的农村信用合作社和农村商业银行相比，村镇银行在税收、再贷款利率以及存款准备金率上处于被歧视的境地。既然国家从打破农村合作金融垄断局面的角度支持设立村镇银行，那就应该给予两者相同的优惠待遇，以便能够公平地展开竞争。因此，村镇银行要对此进行积极地申诉，以督促有关部门消除上述不平等待遇。

2. 减少不当的金融监管约束

当前人民银行和银监会对村镇银行采取"低门槛，严监管"的措施，在规范村镇银行运营行为的同时也为其带来了一定的负面影响，主要表现为加剧了行业无序竞争并限制了村镇银行的功能发挥，未来监管机构应该改革监管措施，以减少不当的金融监管约束，为村镇银行营造和谐有利的成长环境。首先，要求提升机构设置和业务开展的准入门槛。过低的机构设置门槛造成了村镇银行数量和服务网点的盲目增加，过低的业务开展条件使得不同金融机构之间的业务交叉重叠，这都加剧了行业内的无序竞争。为此，要呼吁监管部门严把资质审核关卡，提高机构设置和新业务开展的准入门槛。其次，要求适当放松经营管理方面的监管约束。村镇银行属于新生事物，严格监管是必要的，但是如果监管过严、过死、过于僵化，反而不利于村镇银行的可持续发展。因此，要申请监管机构适当放松某些次要环节的监管指标，争取得到与传统商业金融的区别对待，能够在相对宽松的环境中得到更好发展。

3. 完善农村金融生态环境

完善农村金融生态环境，首先要改善金融运行的硬环境。金融运行的硬环境包括金融基础设施建设的完善、支付结算网络在农村地区的扩散以及农村金融电子信息系统的开发。这就需要国家以及地方政府提高重视程度，在财政许可范围内加大对农村金融的财政支持力度，拨付专项资金用于上述硬件设施的建设。

完善农村金融生态环境，还要加快建立农村新型信用体系。金融是资金借贷的信用关系，其发展水平的高低直接取决于外部信用环境的优劣。当前农村地区的信用环境不容乐观，一些村民信用观念淡漠，逃、赖金融债务造成了恶劣的影响。此外，农业活动的弱质性也容易使贷款方失去还款能力。因此，要督促加快建立农村新型信用体系，加强信用观念教育，完善农户与小微企业的信用档案，对于的确丧失还款能力的个人和机构进行财政救助，以整顿信用环境，增强金融活动秩序。

（资料来源：董凤景．村镇银行可持续发展问题研究［D］．山东财经大学，2014.5。）

8.2 民生银行"商贷通"：坚守民生需求不断创新

一、民生银行"商贷通"业务的实绩

民生银行是我国开展小微贷款业务的先行者，并且小微贷款业务的开展取

得了非常好的成效。2008年民生银行的小微贷款业务开始推出，2009年开始呈现上升趋势，2010年末贷款余额突破了1 000亿元，到2011年6月已经突破2 000亿元大关。从民生银行2012年半年报得知，截至报告期末，民生银行小微企业贷款余额达到2 506.95亿元，比上年末增加182亿元，增幅7.83%；而小微客户总数达到64.13万户，比上年末增加18.33万户，增加了近40%。截至2012年末民生银行小微贷款余额为3 170亿元，比2011年增加了845亿元，其中下半年的小微贷款增量占全年增量的78.5%。民生银行的小微贷款业务发展迅速，并且发展的脚步丝毫没有停歇。其中民生银行的"商贷通"是最早的小微企业贷款产品，也是最有影响力的产品，并且随着市场的变化还在不断地完善。民生银行除了"商贷通"产品以外，还有乐收银以及小微手机银行等为小微企业服务的便捷的工具。

二、民生银行"商贷通"业务的背景

荷花池位于成都市北面，是成都市著名的"零售、批发"市场，由大大小小的商会组成，交易的商品各色各样。每天都会有几十万人流和上千种类型的商品在这里交易。"在荷花池能够进行统计的成交额每年高达50亿～100亿元"，而加上无法进行统计数据之后可能会更高。面对如此巨大的资金流动，其潜在的市场吸引力是巨大的。另外，在众多的商家经营过程中约有90%都多多少少遇到了流动资金的短缺。但是，交易量和融资需求如此巨大的环境下，没有很好的融资平台解决"融资难"问题。

2008年，民生银行董事长董文标在成都分行荷花池附近的一个网点实际考察的时候，发现了一个非常奇怪的现象——车水马龙的荷花池和网点的冷清形成了鲜明的对比。凭借着董文标多年来的银行从业经验以及敏锐的洞察力，他觉得这里面有着巨大的商业价值。于是，他提出了大力发展小微企业融资的战略，帮助那些个体商户进行融资，解决他们燃眉之急的同时也是为了实现自身银行发展目标。民生银行小微贷款产品"商贷通"就此面市。结果也证明了董文标最初的构想，经过这几年的发展，民生银行已经在小微贷款业务上成为行业的佼佼者。

三、民生银行"商贷通"业务产生的原因

1. 同业与非同业激烈竞争的必然结果

激烈的竞争使得商业银行不得不寻求新的领地，同时也会带来创新，"商贷通"正是基于创新产生的。如今商业银行面临的竞争不仅是来自同业竞争，

还来自其他金融机构或者非金融机构。同业中五大行、股份制银行以及日趋活跃的城市商业银行之间的竞争日趋激烈；在其他金融机构，小额贷款公司发展非常迅速，对商业银行已经造成了巨大的压力；在非金融机构中，阿里等也相继进入了小微贷市场。所以，面对激烈的竞争，商业银行只能开拓创新，寻找新的利润点并且要迅速在竞争中取得优势。小微贷款市场是新的开拓地，小微贷款产品的出现也就理所当然。

2. 商业银行利润最大化和股东高回报的要求

民生银行是股份制银行同时也是一家民营企业，商业银行经营的目标就是利润最大化，利润最大化的要求实际上就是股东要求的高回报率。股东高回报率的客观要求是银行的压力，同时也是一种动力。为了实现银行自身的发展目标以及股东高回报的要求，民生银行不得不寻求创新，寻求新的利润点，进入利润较高的领域是其必然选择。因此，"商贷通"便应运而生。除此之外，受2008 年国际金融危机的影响，2009 年银行利差收窄几乎所有银行的利润都受到了较大的影响，民生银行因此坚定了调整信贷结构的决心，这也是推动"商贷通"产生的重要原因。

3. 小微贷款本身业务的高收益

小微贷款与普通的贷款不同，有其自身的特点。风险和收益往往成正比，正是由于小微贷款高风险的特点，商业银行在贷款定价时设定的利率就很高，高利率才能覆盖风险，小微贷款的收益较普通企业贷款较高。如果能够运用科学的风险管理技术，就能够准确地把握风险，控制风险，那么实现高收益是可能的。人们在主观上对小微企业的认识有一种偏差，认为所有的小微企业的风险都较高，这种观点是以偏概全。事实上，有些小微企业的信用状况是非常好的，绝大多数的小微企业违约的风险还是比较小的。因此，通过科学的方法定价和规范的风险管理，小微贷款就能实现高收益，这也就驱使了"商贷通"的产生。

四、民生银行"商贷通"发展的特点、产品及业务管理

（一）"商贷通"业务的特点

民生银行"商贷通"产品是民生银行以小微企业主、小企业主和个体工商户为贷款对象而推出的用于帮助其生产或投资经营活动的授信业务，除此之外还包括存取款、结算、理财等一系列金融服务。"商贷通"在小微贷款市场中有着明显的竞争力，主要因为具有如下特点。

1. 高效率

民生银行建立了流程化、标准化的贷款业务流程，简化了贷款流程，大大缩短了放款时间，提高了贷款效率，同时也满足了小微贷款"急"的特点。高效率还体现在执行力上，具体表现为民生银行转型较快，小微贷款业务推动较快。

2. 内容丰富

"商贷通"的内容丰富从两个方面可以表现出来，首先是授信方式较为丰富，主要有互保、联保、信用等 11 种，当然还包括传统抵押方式；其次，金融服务内容较丰富，可以为客户提供结算、存取款、理财、咨询等一系列金融服务。

3. 服务品质高

不仅有专业的规划、销售、审批团队，而且还有专门的售后服务团队。能够提供给客户全方位高质量的综合金融服务，完善的售后服务团队"锦上添花"使得民生银行的小微贷款业务变得更加有竞争力。小微金融是民生银行的核心业务，"商贷通"自上市以来，取得了非常显著的成果，在小微贷款市场有着深远的影响。

（二）产品种类

"商贷通"内容丰富，产品种类也是丰富多彩。不同的担保方式决定了不同产品的种类。目前民生银行"商贷通"的担保方式主要有：住房、商业用房及工业厂房抵押、自然人联合担保、市场开发商（或管理者）保证、产业链的核心企业法人保证、共同担保方式、应收账款质押以及商铺承租权质押等。总结起来可以分为：强担保类、弱担保类以及信用类。因此相关的产品可以根据担保类型分为以下几类。

担保类：强担保主要包括住房、商业用房及工业厂房抵押、担保公司，适用于这类担保方式的小微企业具有强担保的条件即有着较大的经营规模和较为完善的公司治理，拥有可抵押的固定资产或者其他可抵押的不动产。除此之外，如果担保公司介入贷款过程也可以视为强担保。因此，这类产品属于强担保类产品，往往风险较小。

弱担保类：弱担保主要包括自然人联合担保、共同担保方式，适用于这类担保方式小微企业不具有强担保的条件，不拥有或者缺乏可抵押的固定资产或者其他可抵押的不动产。往往这类小微企业可能缺少基本的财务报表或者报表不完善，没有完善的信用记录，商业银行无法有效对这类企业的信用进行评级。互保、联保可以有效地解决这类企业的担保问题，降低商业银行的风险。

信用类：信用主要包括市场开发商（或管理者）保证、产业链的核心企业法人保证等，这类小微企业完全属于"无抵押、无报表、无信用记录"，不能通过传统的抵押担保方式进行贷款。商业银行无法对这类企业的风险进行判断，并且信用类产品的贷款风险较前面两种更大。只要通过有效、可靠的担保也可以解决这类企业的融资问题。信用类产品可以通过市场开发商保证、产业链的核心企业法人通过对上游或者下游的小微企业的保证进行信用担保，这样便可以有效地解决这一问题。

（三）业务模式

小微企业数量众多，规模大小不一，经营状况参差不齐，在具体进行业务操作时，要将小微企业细分，不同情况的小微企业应该按照不同的标准进行放款。具体问题具体分析，如果按照统一的模式进行操作，则会增加成本和风险。按照小微贷款业务参与客户数量的多少，可以将业务模式分为单笔开发模式和批量开发模式。

1. 单笔开发

单笔开发业务指的是符合贷款标准的企业可以单独进行放款。这种模式适用于有可抵押的固定资产或者其他可抵押的不动产的小微企业，也适用于有专业担保公司做担保的企业。这种模式的贷款因为有抵押，有担保可以有效降低风险。但是贷款的流程比较多（包括贷前调查、贷款审批）会降低贷款业务的效率，较难满足小微企业贷款"急"、"频"的融资需求。同时会增加银行的成本，贷款程序的繁杂不仅会增加银行的人力成本，还会增加其他资金成本。

2. 批量开发

批量开发业务是指单独的小微企业达不到银行贷款标准，但数量众多的小微企业通过联保、互保等方式可以取得贷款的业务模式。批量开发模式主要是以弱担保、信用类产品为主，因为这些小微企业大都没有或者缺乏可抵押的固定资产。这种业务模式主要用于类似于"荷花池"的商圈商会、核心企业上下游的供应链融资或具有影响力的品牌经销商的批量开发。这也正好符合了基于"大数定律"的贷款风险定价原理。由于批量开发模式贷款的小微企业数量众多，小微企业贷款可以有效地对冲和减小风险。由于小微企业单笔贷款金额很小，如果单独授信，贷款的成本非常高，而批量授信可以降低成本。因此，批量开发模式不但可以降低风险，而且还可以降低成本。

五、风险管理方式

和银行其他贷款业务一样，小微贷款业务也面临着各种各样的风险。小微贷款业务也面临着信用风险、操作风险、市场风险、流动性风险以及政策风险等。当然，信用风险依然是小微贷款面临的最主要风险，小微企业和商业银行之间存在着非常严重的信息不对称，而商业银行却无法对小微企业的信用状况做出有效的甄别，最终导致小微企业违约或者拖欠，极易发生信用风险。同样由于小微贷款业务还处于发展的初期，业务操作人员的不熟练也很容易导致操作风险。像流动性风险、市场风险等也都会影响小贷款业务。然而由于小微企业的特殊性，传统的贷款技术如财务报表型贷款、信用评分法等都无不适用于小微贷款业务。小微贷款业务的风险可能比其他的贷款业务更高。因此，创新的风险管理技术是小微贷款业务发展的前提。

（一）基于"大数定律"的风险定价管理

1. 小微贷款风险定价相关综述

杨英、张浩良和黎泽普指出利率的管制使得商业银行对小微企业贷款的积极性降低，小微企业只能通过其他途径（民间借贷等）获得融资。但是，如果定价不合理，设定的利率过高仍然不能很好地发展小微贷款业务。民生银行"商贷通"业务之所以能取得成功，与民生银行小微贷款创新的风险管理方式是分不开的，经过近几年的发展，民生银行已经基本形成了自己的小微企业贷款风险管理技术。基于"大数定律"和"收益覆盖风险"原则的风险定价是民生银行风险管理技术最大的特色之一。黄永涛和赵岳认为大数法则在产业集群充分发展，小微企业数目足够多的情况下有效；集群客户具有数量多、需求大、范围广的特点，具有很好的发展前景。陈勇俊介绍了小微贷款难的现状，然后介绍了小微企业基于"大数定律"的风险定价以及三种基于"大数定律"的授信模式，分别是家具行业、百货商以及产业链品牌。最后提出了小微企业准入条件、标准化流程以及差异化考核等小微企业授信风险管控措施。李炅宇与刘伟介绍了目前我国小微企业信贷的现状，还介绍了我国较大股份制银行关于小微贷款的产品及其特点，归纳了影响小微贷款风险定价的因素。指出主要影响因素有：小微企业本身、贷款发放的地区、贷款设计本身、宏观经济及其周期等；并且说明了小微贷款定价的两项基本原则："大数定律"和"价格覆盖风险"。有关分析已经证明"并非所有的小微企业贷款的质量都比大型、中型企业的差；也并不是所有的大型、中型企业的贷款都比小微贷款的质量好。"小微企业的定价方法不能和传统的公司贷款定价方法完全一样。小微企业和商业银行之间存在着严重的信息不对称，没有完善的财务报表以及其他贷款所必需的资料。小微企业根本达不到银行对大型、中型企业贷款的标准，如果按照传统的企业贷款定价方法来定价和传统的贷后管理方式运作的话，将会使商业银行大大增加成本和运营负担（其中成本不仅包括贷款后的机会成本还包括贷后管理成本）；同时，商业银行所面临的风险也会增加。因此，采用全新的理念和小微贷款风险管理技术是商业银行发展小微贷款业务顺利发展的保障。民生银行在小微贷款业务的发展过程中，风险意识不断增强，创新风险管理技术，完善风险管理机制，基本上实现了风险和收益、风险和规模的平衡。下面就将基于"大数定律"的原理做简要的介绍。

2. 影响小微贷款定价的因素

小微企业由于自身生产规模小，生产灵活，流动性大以及生命周期小等客观条件的约束，和大中型企业相比较而言，贷款定价的方法可能不太一样，并且小微企业的风险较大中型企业更大。要想准确地为小微企业贷款定价，就必须坚持"收益覆盖风险"的基本原则，并且还要明确影响小微贷款的主要因素。

（1）宏观经济因素

①经济周期因素

经济周期一般可以分为繁荣、衰退、萧条和复苏四个阶段，也可以称为衰退、谷底、扩张和顶峰四个阶段。由于任何经济实体都要受到经济周期四个阶段的影响，在经济扩张阶段，企业机会大于风险，可能发展得很快；而在经济紧缩阶段，企业经济可能会受到限制。相关理论和实证证明，宏观经济因素中的经济周期因素对信用风险的影响是非常显著的。小微企业是国民经济的重要组成部分，占据半壁江山；另外由于小微企业与大中型企业相比，规模小，生产灵活，流动性大，经营不确定性也更大；因此小微企业受到宏观经济因素的冲击就会更加敏感。在经济扩张时，企业发展迅速，经营状况较好，资金相对充裕，这时银行面临的信用风险较小，小微企业还款能力强。反之，如果经济处于紧缩阶段，小微企业受到较大的冲击，资金匮乏，还款能力较差，信用风险则大大增强。"穆迪公司的相关研究表明，小企业债务回收率在经济衰退期比经济繁荣期要低1/3。"同样，有关公司的贷款清收数据也表明，当经济处于高速增长时，不良贷款的回收率比经济低迷时高10%左右。因此，宏观经济周期因素对小微企业的影响是非常大的，商业银行需要对宏观经济形势做出准确的判断和预测，从而提高贷款定价的准确性。

②行业特征因素

小微企业所处的行业对小微企业的生产经营和发展都有重要的影响，从而也会影响商业银行面临的小微企业违约风险。行业发展水平受到宏观经济的影响，而行业内的小微企业生产经营又会受到行业发展水平的直接影响。因此，选择适合自己的行业对小微企业来说是可持续发展的前提条件，适合自己发展的行业才能够体现出本身的相对优势。有些行业门槛高，进入行业的成本是巨大的，由于小微企业自身的条件，是无法涉足此类行业的，比如垄断行业。而适合小微企业发展的行业有批发业、制造业和服务业等。行业特征决定了所处小微企业风险的不同。针对不同行业有不同风险的情况，风险定价也要区别对待，商业银行要细分客户，明确小微企业所处的行业，这样有利于降低风险，从而增强定价的准确性。

（2）微观经济因素

①小微企业自身因素

由于小微企业自身生产规模小，生产灵活，流动性大等特点以及生产的不确定性和公司治理的相对缺乏，相对于大中型企业而言，本身就具有较高的风险。企业生产经营状况，企业家自身的能力水平和经营企业的风险偏好以及小微企业所处的成长阶段都会影响小微企业，增加其风险。商业银行在进行贷款定价时必须对客户进行深入的考察和了解。银行可以通过专业的授信审核手段对其进行风险判断，得出对贷款定价有利的结论。每个企业都会经历初创、成长、成熟和衰退四个阶段，每个发展阶段融资需求可能会不同，同时每个阶段的风险也是不同的。小微企业的竞争力也是贷款定价考虑的重要因素。如果小微企业在所在行业具有很高的竞争力，并且具有较好的发展前景的话，商业银行不能因为价格过低而拒绝放贷给这些企业，因为竞争力巨大的小微企业带来的利润是不可估量的。因此，银行就要明确小微企业所处阶段，对成长周期进行细分，有针对性地设计贷款产品。

②小微贷款设计因素

贷款设计主要包括：贷款对象、贷款额度、贷款利率和如何控制风险等。因此，贷款金额，抵押、担保方式，本息还款方式等都是影响小微企业风险贷款设计的主要因素，在小微贷款风险定价中必须涵盖这些因素所带来的风险。相关研究指出，"不良贷款回收率和小企业贷款金额之间具有明显的负相关关系。"企业贷款金额越大，不良贷款回收率越低。贷款金额的大小是风险定价必须要考虑的问题，金额太大，一旦违约，银行就会面临重大损失。如何确定贷款额度，必须要明确即使小微企业经营失败也要具有一定的还款能力。如果让小微企业过度负债，经营失败后完全没有能力还款，这时定价必须充分考虑这种风险。小微企业缺少能够抵押的固定资产，因此小微企业在进行抵押贷款的时候，抵押品具有重复抵押、易贬值、难变现的特点。因此，在进行贷款定价时必须认真核实抵押品所带来的各种潜在风险。抵押贷款风险一旦发生，商业银行所面临的损失比起其他形式的贷款可能会大很多。灵活的还款方式，比如本息一次性还款，随取随还，分期偿还，先支付利息到期后支付本金等还款方式有利于降低商业银行的贷款风险。商业银行根据小微企业的不同特征，有针对性地设计一些还款方式，这样不但能减少银行的风险，还可以缓解小微企业的还款压力。因此，小微贷款的设计对风险定价的影响较大。

（3）其他因素

影响小微企业贷款定价的还包括其他许多因素，比如信用文化习惯和经济发展水平等。这些因素也是小微贷款定价中不能忽略的因素，这些因素都会导致风险的发生，在定价过程中需要将这些因素考虑在内。首先，信用文化习惯能够影响小微贷款，我国是一个地大物博，多民族的国家，信用习惯可能会由于地域或者民族而不同，在进行贷款定价的时候就应该全面考虑企业所处的区域和贷款对象。也有相关研究表明，根据商业银行不良贷款率的区域分布得出了"银行不良贷款率由于地区不同差异性非常的明显。华东地区的信用环境在全国范围内是最好的，其次是华北和中部地区，信用环境最差的是东北地区。"地区差异也是影响商业银行小微贷款的因素之一，在贷款定价时必须要考虑这点。其次，经济发展水平也会影响信用风险的。在经济发达的地区，由于人均收入水平较高，有足够的资金来弥补企业在经营中遭受的损失。而在经济欠发达的地区，商业银行的不良贷款回收率也相对较高。相关研究结果表明："人均收入与不良贷款平均回收率成正比，全国范围内人均收入越高的区域，具有较高的不良贷款平均回收率，这时商业银行所面临的贷款风险就越小；经济发达地区的不良贷款回收率较欠发达地区高很多。"

3. 基于"大数定律"的小微贷款定价

小微企业贷款定价如果按照传统的经营性贷款定价模式进行定价，则可能会增加商业银行的成本，并且定价不一定准确。传统的经营性贷款主要依据对客户进行信用评级和对债项进行评级的方法来进行定价的，由于这种依据对于小微企业来讲不太合适，但目前还没有很好的方法对小微企业进行评级，并且小微企业的很多信息都存在漏洞。

在国内商业银行小微贷款的具体实践中，民生银行倡导利用"大数定律"和"收益覆盖风险"来对小微企业贷款进行定价。利用这两个原则进行定价可以很好地减少商业银行的风险，另一方面也能够有效地解决小微企业的融资问题。基于"大数定律"进行小微贷款定价时，必须要满足"价格覆盖风险"就是确定贷款价格时不仅要包括预期的目标利润，还要包括违约风险带来的损失，同时也要满足大数定律的三个条件：①样本数量要无限大即随机事件发生的次数足够大；②单个样本的具体值要足够小；③随机事件的发生是相互独立的，互不影响。大数定律普遍用于保险行业中，但是小微贷款定价也能满足大数定律的成立条件。首先，小微贷款市场中，小微企业的数量非常多，占据国民经济的半壁江山。因此，第一个条件满足。其次，由于小微贷款的特点以及小微企业经营的特殊性，小微企业的资金需求额度不是很大，额度较小正好满足了第二个条件。例如，包商银行的小微贷款最低可以达到 5 万元。最后，小微企业分布于国民经济的各个行业中，行业之间的相关性比较小，这也就满足了第三个条件，并且这样可以有利于分散贷款的风险。基于"大数定律"小微贷款的内涵：单个小微企业贷款额度较小但是有"众多"的小微企业贷款的总额度就会很大，这样贷款的风险以概率收敛于贷款的预期风险。综上所述，基于"大数定律"的小微贷款定价有一定的科学性和合理性。

由于小微企业经营的特殊性和复杂性，按照传统的贷款定价模式，需要对小微企业进行各项评级，但是由于小微企业本身财务系统的不健全，以及管理上的不完善，导致提供给银行的资料，达不到银行现有的评级标准，致使这样定出的价格不具有参考性；另外，如果针对每一个小微企业均使用传统方法的话，会使银行的风险和成本急剧增加。而基于"大数定律"的风险定价可以有效地避免这个问题，小微企业的平均贷款风险具有稳定性，依概率收敛于预期风险，单个小微企业的风险在众多的"批发型"和"规模型"的总体贷款中占有较小的比例，并且单个小微企业的风险在总体贷款中可以有效地进行分散和对冲。上文也提到了影响小微贷款的宏观、微观方面的因素，这些因素会造成银行的非预期损失。

考虑到这些因素后，基于"大数定律"的小微贷款风险定价可采用以下模型。

小微企业贷款利率 = 预期的目标收益率 + 风险损失率 + 贷款成本率，具体公式为：

$$I = Ri + Rl + Rc$$

其中 I 指的是小微企业贷款利率，也就是贷款的价格；Ri 指的是根据商业银行发展的需要确定的预期目标收益率；Rl 指的是小微贷款的风险损失率；Rc 指的是小微贷款的成本率。另外，风险损失率应该包括预期的风险损失率和非预期的风险损失率，即预期风险损失率和非预期风险损失率；预期风险损失率是指银行在贷款时预计发生的违约风险所带来的损失，而非预期的贷款损失是由于影响贷款定价的宏观、微观因素影响所带来的非预期损失，是对无法对冲的小微贷款风险的补偿；非预期损失率主要包括经济周期溢价率，行业风险溢价率，贷款设计的定价调整率和区域文化风险溢价率。贷款成本率按照细分后的贷款种类包括：资金成本率，交易成本率，信息成本率和公关成本率。

（二）注重实质性的风险管理

小微企业"无抵押、无报表、无信用记录"。小微企业通常缺少可以抵押的固定资产，财务制度不健全，没有较为完整的财务报表，能证明信用记录的凭证几乎没有。这种情况下，利用普通的贷款风险管理方法进行风险管理就会出现很大的问题，并且达不到风险管理的效果。民生银行开拓创新，联合政府部门、海关、行业协会、民间团体等各方面对小微企业的信用资料进行深度挖掘。

在具体业务操作过程中，如果客户财务报表完善，则可以根据财务信息来判断其情况，但同时要注意报表的真实性。如果是三无客户，就应该通过其他的凭证来判断授信条件或者决定是否授信，比如注重"三表"、"三流"等方面的分析。三表指的是水表、电表和报关表，这三个表和小微企业的生产经营密切相关，能够真实反映小微企业的情况。"三流"指的是人流、车流、现金流，同样可以反映小微企业的经营情况。除此之外，还注重小微企业的发展潜力、竞争力以及品牌等这些难以量化但可以通过考察得知的指标。

民生银行的这种风险管理方式是通过收集与客户生产经营管理密切相关的"软信息"来进行风险管理，实际上就是"实质性"的管理方法。注重专业管理团队和贷后风险管理民生银行根据"商贷通"客户的具体情况和特点，建立了一支专业化的小微金融服务团队，并且贯穿于整个贷款的过程中，包括专业化的规划团队、支行层面的营销团队、分行层面的贷款审批团队和非常有特色的贷后管理团队。专业的风险管理团队是风险管理的最有效途径，专业的人才管理能够降低操作风险，能够提升风险识别能力，能够在发生风险后及时采取有效措施。因此，专业人才在风险管理中的作用不可替代，专业的风险管理团队在风险管理中的作用是必不可少的。贷后风险管理属于售后服务，完善的售后服务有利于风险的降低并且能够吸引更多的客户。建立严格的贷后检查制度，加大力度对小微企业的资金结算以及经营情况进行监督和控制，这样就能够起到减小风险的作用。专业化的管理团队以及标准化的贷款流程能够提高贷款效率，拓展客户资源。民生银行的这种风险管理方式取得了非常显著的成绩。

六、民生银行小微贷款业务的新发展

在贷款业务大规模发展的同时，缺乏内在动力，自主供血不足的问题也凸显出来了。如何有效解决这些问题是小微贷款业务能否持续发展的关键。民生银行首次明确提出对小微企业的单一贷款业务应该扩大到综合全面的金融服务。2011 年 6 月小微金融 2.0 升级版的发布标志着民生银行小微金融服务的转型。目前，民生银行小微贷款业务已经开始由简单贷款业务向全方位金融服务的转变。现在业务已经扩展到商户结算、小微企业结算、小微企业融资以及电子银行等其他与贷款相关的业务，也有了"超短贷"、"存易贷"等新产品。总之，在原来的基础上研发出了更加丰富和针对性的产品，并开创了更加到位的售后服务。

小微金融 2.0 升级版运营模式的主要特征是：以客户需求为出发点，以注重维护客户关系为基础，提供给客户综合全面的服务为宗旨。以"客户营销"和"售后服务"作为服务体系的重要支撑来实现小微客户资源的开发和利用。以"标准化"和"批量化"作为业务流程模式减少商业银行成本，规避小微贷款风险。小微金融 2.0 升级版核心实际上就是"采用新的理念和技术，实现小微贷款业务的标准化、批量化、集中化和规范化"。小微金融 2.0 升级版较之前有了多方面的提升，具体有以下几个方面。

（1）服务范围更加宽广，客户可选择的融资方式增多，并且在结算、理财、销售等都有新的产品推出，形成了小微金融产品体系，实现了从单一的贷款向综合金融服务的全新转型。

（2）为了进一步扩大业务总量，提高了弱担保、信用类等方式的产品在贷款中的比重，解决了无足够担保或者无法担保的企业融资。

（3）更加注重与客户的合作关系，通过授信定价体系的改进，帮助客户实现目标、识别风险，有利于银企关系的可持续发展。强化售后服务，优化运营模式。

（4）优质的售后服务有利于银行风险的识别和控制，同时有利于提供小微企业全方位的金融服务。

七、民生银行"商贷通"业务的成功经验及存在的问题

（一）民生银行"商贷通"业务的成功经验

1. 市场定位明确

民生银行以"小微企业的银行"作为自己的市场定位，甚至把小微贷款

业务提到战略的高度。一般来说，传统意义上的大中型贷款业务是各商业银行战略的重点，各商业银行认为小微企业贷款是高危领域，贷款风险大容易发生损失。而民生银行冲破传统观念的束缚把小微贷款业务作为银行的重点业务，实现了业务定位上的突破从而成就了"商贷通"的快速发展。

2. "批量化"生产实现低成本

小微企业数量众多且分布于各行各业，民生银行最大的特点就是对客户进行了详细的划分。首先根据小微企业所在的行业特征、市场结构进行划分，其次根据小微企业所处的商圈、商会进行再划分，将具有同质信息的小微企业划分在一起。民生银行开创了"一圈两链"的融资模式，小微贷款专业团队对整个商圈内或者对供应链、销售链上下游的客户展开营销。最后依据"批量化"的贷款流程办理。这样的贷款模式优势明显，既有利于商业银行成本的降低，又能对冲风险。

3. 软硬信息的有效结合

小微企业通常是缺乏财务报表的，有报表的也只是为了交税等其他用途而建立的不规范的财务报表，这样获得小微企业的生产经营状况或者信用状况等有效信息就很难。民生银行在现有硬信息的基础上，加强对小微企业软信息的收集，软硬信息综合判断小微企业的信用状况和生产经营状况。通常获得软信息的途径是：与行业协会、海关、政府部门进行合作，收集"三表"、"三流"、"三单"这些能客观反映小微企业状况的信息。软信息是硬信息的有效补充，软硬信息交叉验证，可以很准确地得到需要的信息，同时这样可以有效避免风险的发生。

4. 丰富的担保方式

传统的贷款通常要以固定资产、土地作为抵押或者其他可以质押的物品作为防御风险的方法，并且对抵押物的要求很高。然而，小微企业缺少可抵押的固定资产，所以达不到传统贷款方式的标准，小微企业因此而被拒绝在贷款门槛之外。民生银行在传统抵押的基础之上，开发了互保、联保、信用保证等多种担保方式为小微企业提供贷款。根据小微企业的具体情况，决定采用哪种担保方式。担保方式的多样化使得原本无力贷款的小微企业获得了新生。担保方式多样化的另一个优势是交叉销售，增加了客户数量。

（二）民生银行发展小微贷款业务过程中存在的问题

民生银行小微贷款业务发展非常迅速，并且也取得了非常显著的成绩。但是在"商贷通"业务高速发展的背后，也存在一些制约小微贷款发展的问题。由于激烈的竞争，银行为了抢夺市场在竞争中取得优势，一味地追求规模的扩张，强调抢占更大的市场份额，而相应的专业化团队配置、业务操作流程、管理体制以及科技系统支撑都没有跟上"商贷通"高速发展的脚步，这也就会成为了抑制小微金融业务可持续发展的最大瓶颈。这些瓶颈主要表现在以下几个方面。

1. 银行绩效考核制度需完善

市场上小微客户数量众多，但是贷款金额比较小，这也正符合了小微贷款"小"的特点。客户经理在营销的过程中，为了完成银行规定的考核标准，一味地做大规模，贷款金额一般比小微企业的融资需求大很多，有些甚至已经达到了中小企业的贷款标准，这样就会造成很大一部分小微客户流失，客户群定位因此而具有比较大的真空。以成都为例，小微企业的融资需求一般在15万~50万元，但是客户经理为了完成考核目标，更倾向于贷款数额较大的企业，这些企业事实上已经不属于小微企业的范畴。此外，由于所做的每一笔贷款的数额过大违背了基于"大数定律"原则风险定价，每笔贷款金额过大的话就不满足大数定律成立的条件，贷款的风险就会增大，就不满足小微贷款风险管理的条件。如果再用小微贷款风险管理方法实施管理，可能会适得其反。有可能获得的收益无法弥补风险，造成银行的损失。目前，这种以规模为绩效考核标准的机制需要改善。因此，必须发展和完善适合小微企业贷款特有的绩效考核评价机制。不能顾此失彼，不能因为盲目地扩大规模而失去真正的"大"市场。

2. 管理体制仍有缺陷

民生银行成功经营的案例基本都是各个部门合作共同开发的，比如云南昆明螺蛳湾模式的成功几乎动用了所有的部门包括后勤部门。事业部、零售银行等部门的合作才是有效解决小微业务瓶颈的途径。但条线管理制度是目前民生银行的主要制度，这就会造成人为的业务间隔。螺蛳湾的经营模式采用交叉销售，就是在大企业带动下，批量对小微企业进行融资，取得了非常显著的成绩。

有了大企业的支持，小微贷款相对来说可以变得容易，并且可以节约成本。如果不是各部门的密切配合，螺蛳湾模式是否成功还是个未知数。业务上的人为隔离是条线管理制度的缺陷，每个部门或者条线都应该加强合作，实现银行整体利益的最大化。小微金融业务是民生银行的战略重点并且这也是其市场定位，但是各分行执行具体的措施中，小微金融业务的比重还是相对较小。截至2012年6月末小微贷款占比也只有19.4%，可见真正意义上的重视程度还不够。此外，小微业务发展好的分行一般都是公司业务相对弱势的分行。所以如何在具体业务操作过程中真正提高对小微业务的重视也是管理所要亟待解决的问题。

3. 团队的专业化程度不够

民生银行虽然建立了专业化团队，但是小微金融业务为了迅速地占领市场，需要大量的从业人员；同时，由于小微企业贷款近几年才兴起，属于新事物；因此，银行小微贷款从业人员结构参差不齐。有些员工过于年轻，银行从业时间短，缺乏相应的经验，或者关于小微金融的理论知识不足和风险意识薄弱，造成对业务操作流程的不熟练和对风险的识别能力不够，最终会由于团队的专业化程度不够而造成一些客户的流失和风险的增加。目前，加大培训力度、以老带新，是提高团队专业化的必经之路。

4. 贷款效率仍需提高

小微贷款"急"的特征就要求银行放贷时间的缩短和效率的提高，目前虽然提出了"信贷工厂"的理念，"信贷工厂"的本质就是建立标准化、流水线式的高效贷款流程，但是目前的贷款流程依然有改进的地方。由于民生银行事业部制的改革，一线支行要全力做好零售业务。银行的支行是没有授信权的，贷款手续主要还集中在分行办理。支行受理的每一笔贷款都要去分行办理业务，有些支行离分行距离较远，来回要花大量的时间，这就不能满足小微贷"急"的特点，同时也增加了银行的成本。因此，就需要提高贷款效率，支行层面应该获得授信权。此外，为了满足小微贷款必须通过标准化、规模化来提高作业效率，科技系统的支撑是后台保障。科技系统支撑跟不上，流水线作业的"信贷工厂"便无法全面展开。因此，科技系统的强力支撑和贷款流程相关环节的精简是提高效率，满足小微贷"急"的先决条件。

（资料来源：陶彦君．我国商业银行发展小微贷款业务的思考［D］．西南财经大学，2013.）

附录： **"螺蛳湾模式"成型 民生银行筹谋全国移植**
2011年6月2日《第一财经日报》

一项影响民生银行整个零售、对公业务经营的实验正在昆明进行。

今年3月，昆明螺蛳湾小商品市场三期工程开始启动建设，而与此同时，民生银行探索以大公司带动中小、小微的业务发展模式也初步形成了可供复制的经验。目前，民生银行对该市场的综合授信达54亿元，其中大公司30亿元；中小、小微企业合计 24 亿元。

而事实上，螺蛳湾市场完全建成后，将容纳 6 万名商户进场经营。这意味着，若按户均贷款 150 万元的平均水平测算，仅此一地，6 万商户的潜在"商贷通"贷款规模将高达 900 亿元。

解密"螺蛳湾模式"

昆明螺蛳湾小商品市场项目总投资约 300 亿元，共分三期，年营业额预计将达到 600 亿元，三期项目建成之后，年租金收入预计将达到 30 亿元以上。

"除了云南省内的客户，泰国、越南也有相当数量的固定客户，甚至来自非洲的国王、酋长也是小商品市场的座上宾。"负责建设、运营该小商品市场的中豪置业集团副董事长金伟东表示，在此地的商户不但接受人民币，欧元、美元同样接受。

民生银行一位高管表示，螺蛳湾项目中，民生银行为中豪置业提供了近 30 亿元贷款，同时还通过与信托公司合作，为其募集资金 10 亿元。

除了资金支持外，民生银行还与中豪置业合作发放联名商户卡，专供螺蛳湾商户使用。除借记卡的传统功能，该卡还可办理各类费用代收，如物业管理费、税费、电费等。

一位昆明银行业人士表示，通过与中豪置业的合作，民生银行从对公业务入手，获得了商场内的中小客户。不但对公业务增长了，零售业务也由此获得广阔空间。

统计显示，螺蛳湾项目已带动存款余额近 30 亿元，大部分商户已办理联名卡，并获得了商贷通贷款的授信。三期建设都完工后，螺蛳湾将承载 6 万商户。若按户均贷款 150 万元测算，仅螺蛳湾一地，6 万商户的信贷需求就高达 900 亿元。

寻找移植土壤

显然，900 亿元的商贷通潜在需求与 30 亿元的对公贷款相比，差别巨大。

"以大公司带动中小、小微企业，该项目成为民生银行传统业务与创新业务、对公业务与零售业务交叉销售的试验田与突破口。"民生银行昆明分行行长谭万刚总结经验时表示，通过大公司授信切入，以经营性物业抵押贷款、项目贷款等支持螺蛳湾市场建设，在此基础上探索中小、小微及其他业务的全方位合作。

数据显示，这一项目已给昆明分行带来可观的收益：2009 年末，未介入该项目，小微企业贷款余额 3.86 亿元，而到了 2010 年末，小微企业贷款余额就达到了 28.7 亿元。

"昆明分行在螺蛳湾的经验，在全国各地具有很高的可复制性。"一位民生银行内部人士表示，在东北、西北等可以辐射境外的边贸城市，适合建立规模较大的小商品市场；在辐射范围相对较小的地区，同样可按上述模式复制，只是要缩小规模。

截至 3 月末，民生银行商贷通贷款余额为人民币 1 769 亿元，比上年末增加 179 亿元，较上年末增长 11.3%，商贷通贷款不良率为 0.11%。若螺蛳湾模式成功大范围复制，在对公业务相对增长较少的情况下，商贷通的规模将可能呈现几何级数的增长。

8.3　民生银行福州分行社区银行发展策略：差异化

一、市场细分与目标市场

（一）差异化服务体系的确定

由于不同小区的人群并不是同质的，且不同小区的社区银行之前也应该有差异化，因此结合目标市场选择来看，社区银行可通过设计差异化金融服务体系来明确自身的业务特色，从而与四大国有银行以及其他股份制银行展开竞争，并消除业务为消费者不熟悉的问题。

第一，产品与服务的个性化。要满足不同目标客户的需求，就要遵循客户的个性化需求设计系统的产品和服务。例如给自雇者提供中小额贷款，给家庭主妇提供非金融服务，向收入高以及家庭总资产高的客户推销高价值产品，向刚成立家庭的年轻人或年轻家庭提供微贷，向老年人提供贴心的非金融服务。

第二，差异化服务的范围。未来社区银行不应该将服务局限在小区内的客户，要多与周边商家联盟，一方面可以给他们提供贷款需求，另一方面也可以通过和商家合作为小区居民提供更多的非金融服务，从而达到"多赢"目的。

第三，差异化的价格。未来社区银行在提供贷款需求时，应该在收费（价格）方面实行差异化策略，例如对不同额度的贷款金额，给予客户不同的利率。要在提高非金融服务时，综合考虑服务费用与顾客让渡价值，然后进行定价，从而保证社区银行比周边的其他同业拥有更好的竞争优势。

第四，差异化的客户服务。未来社区银行可借助其在小区内的"地利"优势，增加与客户的互动，体现社区银行服务社区、关怀民生的特点。例如，通过在节庆时期，赠送小礼物等方式对一些贵宾客户进行入户拜访，给普通客户举办免费养生讲座、免费理财知识普及活动，加强社区银行与客户的互动，拉近与客户的关系，让客户切实感受到社区银行所具备的服务特色。

第五，差异化的客户体验。考虑到互联网以及其他电子金融的普及性，未来可以通过仿效目前成功的手机数码产品体验营销的模式，在小区中大力推广电子金融等交易方式，给对电子金融有排斥的客户提供更多有价值的用户体验，来加强社区银行产品与服务对客户的吸引力，并适应时代发展的要求。

（二）刺激消费信贷有效提用的方法

1. 消费信贷产品接受度不高的原因

第一，稳健消费的生活方式是主因。很大一部分居民认为其经济能力足可以负担目前的消费需求，暂时不需要通过贷款来购买产品和服务。此外，很大一部分老年居民也表示其消费需求并不高，退休金就能够满足。提前消费不仅不符合中国人的传统，而且还背上了不必要的债务，让人感到压力巨大。这也导致目前仅有一部分中青年居民具有超前的消费观念，对消费信贷产品有很强的兴趣，但大部分居民还是难以接受借钱消费的理念。

第二，银行服务不透明，消费贷款产品推广不够，居民了解程度不高，还存在各种心理疑虑和障碍。例如，一些年轻且收入不太高的居民，虽然有很大的汽车或其他高档商品的消费需求，但他们在高额的还贷金额以及利息面前显得有些担心，无法做出合理的判断和规划。

第三，目前贷款更多的是满足了刚性的需求。

2. 提高消费信贷产品接受度意愿的方法

第一，提高信贷，培训先行。以信贷撬动首先要改变居民的消费理念和生活方式，需要在进入小区密集接触客户的同时，大力开展消费者培训，让更多的人了解消费者信贷的好处，阐述不同的生活方式会带来什么样的生活质量。

第二，提高消费，力保透明。打破消费者和银行之间的隔阂，利用社区银行的保姆、管家等理念，与消费者拉近距离。通过设身处地地为客户设计各种科学有效的消费信贷方案，制定更加人性化的服务条款，赢得消费者的信任。

第三，以刚促柔，稳步推进。综合考虑居民汽车及其他的刚性消费需求，在帮助消费者设计刚性需求方案的同时，通过沟通，帮助消费者确定刚性和柔性需求的比例，在不断提升客户生活品质的同时，赢得客户的信赖和依赖。

3. 能让客户提用 30 万元额度左右消费信贷的消费领域

第一，通过与一些中高端汽车经销商合作，让更多的汽车爱好者与刚性需求者（自雇者当中的创业者）利用民生社区银行贷款来购买汽车。

第二，通过与一些培训机构，例如福州圣安琴舞蹈培训机构、新东方培训学校以及一些留学培训机构的合作，深入挖掘客户在出国方面的需求，让他们使用民生社区银行贷款来支付这些高额培训和出国费用。

第三，通过与知名旅行社的合作，激发一些旅游爱好者，特别是境外旅游爱好者的热情，鼓励他们使用民生银行贷款进行旅游，以达到双赢目的。

第四，通过和大型婚庆公司合作，结合新人结婚过程中要产生的大量费用的事实，利用民生银行贷款帮助他们完成美好的新婚愿望。

第五，可以与一些古董等收藏品拍卖行进行合作，给予那些资金有限的古董爱好者提供贷款，让他们可以收藏到他们心仪的物品。

第六，与装修公司以及房地产开发商合作，对新购买房产或需要重新装修的居民提供装修贷款，从而增加民生银行贷款的发放。

以上均是通过与一些商家或培训机构合作，促进客户使用民生银行贷款。此外，还可以通过类似拉卡拉这样的第三方平台，联盟更多商家，满足更多有差异化需求客户的需求，以此来激活贷款的收益来源。

（三）扩大民生理财产品认知度的策略

居民对银行理财产品的态度

人民币理财产品是由股份制银行自行设计并发行，将募集到的资金根据产品合同约定，投入相关金融市场及购买相关金融产品，获取投资收益后，根据合同约定分配给投资人的一类理财产品。2012年以来，随着国家一系列财经政策的到位，为投资理财市场开辟了更为广阔的发展空间，个人投资理财可谓热点众多，归纳起来主要有"储蓄、炒金、基金、炒股、国债、债券、外汇、保险和P2P"九个方面。根据上文分析报告的结果，可以从"计划金融投资金额、投资期限、申购起点和预期收益率"四个角度分析居民对银行理财产品的态度。

1. 对计划金融投资金额的态度

居民受教育程度、收入水平和家庭总资产对金融投资金额计划有比较显著的正面影响。受教育程度越高的居民，更容易吸收与接受金融投资方面的知识；收入水平越高和总资产越多的居民拥有更多闲置资金，因此他们在进行计划金融投资时，计划的金融投资金额越大。相反，受教育程度越低、收入水平越低和家庭总资产越少的居民，理财观念更保守，计划的金融投资金额越低，排斥风险高的理财产品，更倾向于不接受或者接受风险偏小的银行理财产品，对银行理财产品接受程度更低。

2. 对投资期限的态度

居民的教育程度水平这一人口统计变量对计划投资期限有明显的负面影

响。也就是说，学历越高的居民，有着较高的理财投资意识，更加了解目前的经济环境，更相信自己的判断，也更愿意接受短期投资而不是长期投资带来的收益。总的来说，受教育程度越高的居民对理财产品的认识更理性，更愿意购买短期银行理财产品。

3. 对申购起点的态度

教育程度水平、收入水平和家庭总资产对理财产品的申购起点有明显的正向影响。也就是说，教育程度越高的居民在购买理财产品时，选择理财产品的申购起点越高；同样地，收入水平与家庭总资产越高的居民，拥有更多的闲置资金，选购的申购起点也会越高。

4. 对预期收益率的态度

年龄、性别、教育程度和收入水平都显著的正向影响。通常情况下，男性的理财投资意识要高于女性，因此男性的预期收益率会高于女性；教育程度越高的居民较为理性，通常只有当预期收益率达到一定的水平时，他们才会金融投资，因此他们的预期收益率通常较高；年龄越大的居民，在理财产品投资时，观念更加保守，因此只有在较高的预期收益率水平下，他们才会投资；收入水平越高的居民，对预期收益率的要求也越高。总的来说，教育水平、收入水平、家庭总资产越高的居民，对计划金融投资金额、投资期限、申购起点的接受程度更高，对理财产品持乐观的态度，而男性和年龄大的居民对理财产品的预期收益率要求更高。

二、福州分行选址策略

（一）福州市区网点分布特点

网点主要集中在二环以内，包括支行、离行自助银行、单点机共有 38 个点；

二环以外（除异地）只有 22 个点；

福州城区支行（共 15 家含滨江支行）除马尾支行外，另 14 家支行全部集中在二环以内，且主要分布在鼓楼区（10 家）、台江区（2 家）、仓山区（1 家）。

（二）战略性资源分析

中高端以上楼盘与分行网点对应情况：鼓楼区网点覆盖率接近 30%，密度最高。仓山区中高端楼盘较多而分行网点分布不足，宜重点补充。

超高端楼盘及别墅分布情况：超高端楼盘及别墅总共约 26 个，其中鼓楼区与仓山区最多，分别有 10 个和 8 个。从户数维度分析：其中客户 1 000 户以上的楼盘有 112 个，且主要集中在 1 000 ~ 3 000 户。其中 1 000 户以上的大楼盘主要集中在仓山区（特别是金山区，达 53 个楼盘；其次为晋安区 27 个楼盘；再次为马尾区与台江区各 13 家，鼓楼区大型楼盘只有 6 家）。

福州主要商圈：万宝商圈、东街口商圈、五一商圈、火车站商圈、台江商圈、仓山万达商圈、津泰路商圈、工业路商圈、大利嘉商圈、金融街万达商圈、东部新城商圈等。除金融街万达商圈、仓山万达商圈、东部新城商圈、火车站商圈外，其余商圈主要集中在二环以内。分行目前在万宝商圈、仓山万达商圈、东部新城商圈、火车站商圈均未设立网点，因此，可以考虑在这些商圈设立小微专业支行或小区金融智能超市。

产业园区分布情况：福州分行辖区内产业园共 37 家，其按等级标准可以分为三大类。其中国家级产业园 8 家，省级产业园 18 家，市级产业园 11 家。

（1）国家级产业园区：福州分行辖区内的国家级产业园共有 8 家。其中，福州市区 4 家，福清市 3 家，莆田市 1 家。

（2）省级产业园区：福州分行辖区内的省级产业园共有 18 家。其中，福州市区 5 家，八县地区 4 家，莆田市 5 家，福清市 3 家，长乐市 1 家。

（3）市级产业园区：福州分行辖区内的市级产业园有 11 家。其中，福州市区 1 家，八县地区 4 家，莆田市 5 家，福清市 1 家。

（4）福州人员流动：福州火车站、长途汽车站、公交主要终点站。这些地点是福州主要的人员流动的节点，汇集了包括旅游人群在内的各类人群，是网点宣传的好场所。分行可以选择周边较大楼盘设点，积极宣传，盘活该类客群资源。

（三）分行社区银行选点策略

选点战略方向：分行现有网点主要集中在二环以内及周边（我们称为现有网点集中区或核心区），所以今后网点的布局方向应该由核心区向福州市区的其他方向进行拓展。

从价格维度：核心区中高端楼盘网点覆盖密度最大（占比达 22.75%），其次为马尾区。福州南区无网点，亟须补充；金山中高端楼盘的覆盖率也较低，占比只有 8.82%；五四北片区中高端楼盘数达 41 个，排第三位。

从户数维度：从户数维度看，1 000 户以上楼盘金山区最多，达 38 个；其次为核心区 22 个（分行网点密度相对较大）；福州南区也有 10 个（南区无分行网点），西区最少，只有 5 个。

首批主攻方向为：金山区、五四北区、马尾区、福州南区。金山区高端楼盘集中，楼盘建成年代较新，金融服务相比二环以内还不够充分，是分行小区金融智能银行拓展的首选区域；其次是五四北区，分行在三环以外的五四北区域只有两个自助银行点，尚无网点进驻；再次是马尾区，分行马尾新城支行刚刚建立，且该区域建有几个大型楼盘，是社区银行选点的较好选择。福州南区尚无网点，亟须增设。

选择维度：

（1）楼盘户数。首选大型楼盘：1 000 户以上，次选 1 000 户以下楼盘。

（2）楼盘均价。首选中高端楼盘：1 万户以上，低端楼盘暂不考虑。

（3）资源集中区或交汇处楼盘。重点商圈、商业街区及产业园区周边楼盘，人流、物流集中区周边楼盘、宣传传播中心及辐射点附近楼盘、金领企业（电力、电信、烟草、金融等）职工宿舍区。

（4）同业竞争情况：对同业网点 4 家以上、竞争非常充分的小区，审慎选择。

布局思路：

（1）首批选点优先考虑补缺功能，完善分行网点布局。

（2）核心区倾向于自助银行升级改造。

（3）核心区域之外的六大区域建议依托战略性资源设立 6～8 家旗舰店。

三、"社区银行"推广策略

（一）基于社区客户家庭的推广方案

第一，客户层面的策略，强调做小区居民的"价值创造者"。

第二，家庭层面的策略，强调成为小区居民所在家庭的"守护者"。

第三，社区层面的策略，强调将社区银行打造成"好邻居"。未来，应在这三大层面上形成良性的互动，在社区及居民心中树立起"民生社区银行，我们的家庭银行"这一品牌形象，从而积攒口碑、赚足忠诚，为不断开拓社区银行市场，凸显民生银行服务民生品牌形象，奠定长久发展的基础。

客户层面：提供专属尊贵产品及服务。如，微贷（通过社区均价测算授信额度并提供预授信，并且只面向该小区内的客户）；应对紧急情况的例外服务（快速融资等）；"社区一卡通"；配备专业理财咨询师；提供金融上门服务；定制化的金融理财；高端增值服务如机场贵宾室、高尔夫球场预约、时装体验、美容养生馆）等。

家庭层面：提供家庭守护型产品及服务。如，提供家庭理财式产品，小孩培养的"教育及成长基金"，做家庭里的"金融管家"；代购代理业务（奶粉、机票等），"如你所需，一站搞定"；为家中老年人开通金融绿色通道；成立

"青少年精英俱乐部"；与医保医院合作，定期开展义诊、健康讲座活动，保障家庭生活质量；家庭紧急呼叫中心（财务危机、急诊医疗）等。

社区层面：争取得到小区所有的认同，做"我们的银行"。如，社区银行在命名上可以用小区一个名称，体现小区特色；通过接入小区共同平台，参与小区家园建设（建设贴心休憩区、张贴温馨提示类宣传标语、节日礼物发放及短信问候）等；小区专属系列个性化活动（金融知识讲座、假期集训营、健康养生讲座、理财投资客、高端音乐会、极致红酒品鉴会）等。

"社区客户家庭"三位一体：通过满足客户（点），带动家庭（面），融合社区（立体空间），将针对不同层面推出的金融、非金融业务进行有效融合，并借由点、面、空间的三维互动，让客服人员成功融入社区生活，真正成为高端客户、家庭和社区的金融管家和保姆，赢得居民的广泛认同与支持。

（二）入驻小区的策略

第一，与地产商合作。在未来发展社区银行时，可通过与地产商的合作，在小区开始规划之际，即着手进入，创造无可比拟的先入优势。与地产商的合作应从以下两个方面入手。首先，把握与地产商合作的时机。一般来说，必须在地产商规划时，与其建立战略联盟关系。民生银行可通过为地产商提供优惠的金融贷款服务，打入小区内部，在地产商售卖房产之后，民生银行可与地产商签订面向购房者的优惠贷款或其他指定业务协议。其次，与地产商合作的方式将影响入驻的有效性。具体合作方式可归为以下几类，包括贷款合作、宣传合作、非金融服务合作。贷款合作包括提供贷款开发等合作。宣传活动包括在地产商售卖房产时，可与地产商协商获得有利的店铺选择权，以及地产商为民生银行提供的一系列金融贷款服务（例如购房贷款，装修贷款，购置家具贷款等）的宣传服务。而非金融服务合作是指通过地产商与物业合作，从而为业主的日常生活提供更好的非金融服务。

第二，与物业合作。这是进入已建小区的选择。在进入物业公司方面，可通过福州市房产局等管理单位的介绍，与其进行合作。而在得到物业许可后，可以借助物业公司的公信力，增加民生银行的公信力，提高小区居民的接受程度。可以借助物业公司的人员，为社区银行进行销售，而无需增加太多的费用。可以借助物业的非金融服务，提升小区非金融服务的品质。

第三，与业主委员会合作。业主委员会（以下简称业委会）是指由物业管理区域内业主代表组成，代表业主利益，向社会各方反映业主意愿和要求，并监督物业管理运作的一个民间性组织。与业委会合作，将为银行提供与小区居民沟通的窗口。而与业委会的良好合作将会改善居民对银行的抵触心理，促进银行与业主的零距离接触。在与业委会的合作过程中，应充分尊重业主的建议，合理设计解决方案，拉拢意见领袖，赢得业主代表们的信任与支持，为后续开展一系列活动赢得群众基础。

（三）"做活小区"

第一，参与社区活动；在创建社区过程中，社区活动作为小区文化的重要组成部分，极大地丰富了居民业余生活。因此，银行应参与社区活动，积极表现自己，打造银行在业主心中的良好形象。银行提供社区活动的主要形有以下几类：各类趣味活动；为儿童、老人提供社区服务类活动；为年轻人和失业者提供就业、招聘信息；为社区提供法律、防火防盗、科普知识宣讲等。

第二，打造"我就是社区成员"的良好印象。不同于"我是银行""我是金融机构"的想法，"我就是社区成员"提倡的是一种融入态度，设身处地地为小区居民着想，切实为小区居民提供一系列便捷的产品与服务。综合来看，对具体的做法有以下建议。首先，可着重围绕节假日展开，可冠名赞助小区物业开展诸如"民生银行温暖进家门"等主题活动，赠送物美价廉的小礼品，加强与业主之间的联系。其次，可利用暑假或寒假等闲暇时间，组织家长与小孩的互动活动，引入跆拳道、舞蹈培训班等课程，提供智力大比拼，歌舞汇聚等舞台，为居民生活增添童趣与乐趣。最后，可在突发事件等危机时刻扮演领导者和保护者的角色，采取应急的保护措施，紧急维护居民的利益，增加银行的可信度，拉进与业主们之间的距离。

（四）民生银行社区金融新进展

2013年6月，民生银行福州分行向福建银监局递交了社区支行开办申请，同月被福建银监局选作社区支行试点行。7月，福建银监局出台了《关于推进社区金融服务的指导意见》，引导银行业在金融消费群体向社区聚集的新形势下，积极转变经营方式，妥善推进社区金融，将更多的营业网点和金融服务向基层延伸，有效调整业务结构，有力服务实体经济，持续满足社区居民金融需求，实现银行业可持续发展。12月，民生银行福州分行14家持牌管理社区支行经银监局核准开业，这是全国首批开业社区支行。随着民生两小战略的推进，民生银行必将引领社区金融的潮流，推动监管政策创新，践行民生社会责任。

（资料来源：李冉. 民生银行社区金融商业模式研究［D］. 厦门大学，2015.1。）

结 束 语

综上所述，本书的主要观点和政策建议归纳如下：

一、在我国，社区银行表述为"社区型银行"更为贴切实际。社区银行是指资产规模一定、服务区域一定、服务对象一定的主要为中小微企业和个人提供服务的独立经营的金融机构。在我国，社区银行存在的形态有四种：一是直接成立的社区银行，如由民间资本、混合资本等直接组建的村镇银行；二是大行延伸的社区银行，如国有商业银行和股份制商业银行延伸到住宅小区的轻型网点；三是改制而来的社区银行，如从城市信用社、农村信用社改制后形成的城市商业银行、农村商业银行；四是重组而来的社区银行，如由小额贷款公司、金融租赁公司、基金投资公司等重组后产生的。因此，我国的社区银行是一个类型，以上四种形态都具有社区银行的共同特征，或者说将这四种社区银行在我国称为"社区型银行"更为合适。

二、我国社区型银行的基本特征与优劣势。

我国社区型银行的基本特征是：资本经营多元化、资金运用区域化、市场定位平民化、经营方式多样化和组织机构扁平化。

我国社区型银行的比较优势有：自身定位、发展区域、集中经营和灵活高效。它的比较劣势是盈利能力和抗险能力不是很强。

三、我国关于社区银行理论研究成果丰硕，但没有形成系统性的理论体系；而且贴近现实的问题研究不够，甚至还有不少空白。

四、我国社区型银行有了长足的发展，但也存在不少问题和困惑，主要是融资困境、政策限制、监管"一刀切"等；同时又面临了新的挑战与机遇，即大银行零售战略、利率市场化、互联网金融带来的挑战与机遇。

五、如何发展社区银行，国外经验（如美国）值得借鉴，但不可能一律照搬。在了解学习国外经验之后，我国社区型银行应当以改革创新开路，走出一条具有中国特色的社区型银行之路。

六、构建我国社区型银行持续发展新模式，需要牢固树立起"创新、协调、绿色、开放、共享"新理念，需要清晰地把握住社区型银行发展新模式的多层次、差异化、内涵式三大基本特征，抓住公司治理结构改革和新兴业务创新两大重点。

七、社区型银行在我国还是一个新生事物，还需要为它的健康成长提供必要的空气、阳光、土壤和雨露。要尽快建立健全相关的法律法规，要尽快建立健全社会征信体系，要对社区型银行实行差异化监管。

八、社区型银行典型案例再次证明：社区银行只有坚守自己服务"三农"的定位，才能够可持续发展；社区银行只有针对民生需求不断创新，才能够在激烈的竞争中立于不败之地；社区银行只有始终不渝地实施差异化战略，才能走出一条适合自我的发展之路。

我国的社区型银行从兴起到现在已有十多年了，但发展仍然缓慢。我们应当不间断地分析现状，总结经验，正视教训，查找问题，分析原因，借鉴国外做法，结合自身实际，在新常态下创新社区型银行发展新模式，探索社区型银行发展新路径，通过社区型银行的健康发展，助推普惠金融早日在我国落地、生根、开花、结果。

参 考 文 献

［1］Guttman, J. M. Assortative matching adverse selection, and group lending [J]. Journal of Development Economics, 2008, 87, pp. 51 – 56.

［2］Conning, J. Group lending with sequential financing, contingent renewal and social capital. Discussion Paper, Indian Statistical Institute, 2006 – 01.

［3］Chowdhury, P. R. Group – lending, Sequential Financing, Lender Monitoring and Joint Liability. Journal of Development Economics, 2005, 77（2）.

［4］Montgomery, H. and J. Weiss. Modalities of Microfinance Delivery in Asia and Latin America: Lessons for China [J]. China&World Economy, 2006, 14（1）, pp. 30 – 43.

［5］Weiss, J. and H. Montgomery. Great Expectations: Microfinance and Poverty Reduction in Asia and Latin America [J]. Oxford Development Studies, 2005, 33（3 – 4）.

［6］Armendariz de Aghion, B., Morduch, et al. The economics of microfinance [M]. Cambridge, MA: MIT Press, 2005.

［7］Cull, R., Demirgüç – Kunt, et al. Financial performance and outreach: a global analysis of lending microbanks [J]. The Economic Journal, 2007, 117, pp. 107 – 133.

［8］Hermes, N., Lensink, et al. The empirics of microfinance: what do we know? [J]. The Economic Journal, 2007, 117（2）, pp. 1 – 10.

［9］Karlan, D. S. and J. Zinman. Credit Elasticities in Less – developed Economies: Implications for Microfinance [J]. American Economic Review, 2008, 98, p. 3.

［10］Karlan, D. S. Social connections and group banking [J]. The Economic Journal, 2007, 117, pp. 52 – 84.

［11］Fernando, N. A. Understanding and Dealing with High Interest Rates on Microcredit, A Note to Policy Makers in the Asian and Pacific Regions. Asian Development Bank, 2006.

［12］Agarwal, Hauswald. Distance and Private Information in Lending [J].

The Review of Financial Studies, 2008.

[13] Ahlin C and R Townsend. Selection into and Across Credit Contracts: Theory and Field Research [J] . Journal of Econometrics Forthcoming, 2006.

[14] Ahlin C and R Townsend. Using Repayment Data to Test Across Models of Joint Liability Lending [J] . Economic Journal Forthcoming, 2007.

[15] Berger S and Gleisner E. Emergence of Financial Intermediaries on Electronic Markets: The Case of Online P2P Lending [J] . Working Paper, University of Frankfurt, 2008.

[16] Berger S and Gleisner F. Emergence of Financial Intermediaries on Electronic Markets: The Case of Online P2P Lending [D] . Working Paper, University of Frankfurt, 2008.

[17] CGAP. "Regulating Transformational Branchless Banking : Mobile Phones and Other Technology to Increase Access to Finance", Focus Note, Consultative Group to Assist the Poor, Washington, D. C. , 2008.

[18] Freedman & Jin (2008): Dynamic Learning and Selection: the Early Years of Prosper [J] . Com, Working Paper. College Park, MD.

[19] Heng S, Meyer T, and Stobbe A. Implications of Web 2. 0 for Financial Institutions: Be a Driver, Not a Passenger [J] . Deutsche Bank Economics, Research 63, 2007.

[20] James, Houston. What a Difference a Month Makes: Stock Analyst Valuations Following Initial Public Offerings [J] . March 2006, Journal of Financial and Quantitative Analysis.

[21] M. Shabrokhi. E—Finance: Status, Innovations, Resources and Future Challenges [J]. Managerial Finance, 2008 (6): 365 –398.

[22] Mihasonirina Andrianaivo & Kangni Kpodar. ICT, Financial Inclusion, and Growth : Evidence from African Countries, Working, 2010.

[23] Payment Systems [J]. FDC: The foundation for development cooperation, 2009.

[24] Steelman and Gleisner F. Emergence of Financial Intermediaries on Electronic Markets: The Case of Online P2P Lending. Working Paper, University of Frankfurt, 2006.

[25] The nature of the firm [J] . Economica, 2008 (4): 36 –40.

[26] CGAP, "Access for All: Building Inclusive Financial Systems", Wash-

ington, D. C. : CGAP, 2006: 6.

[27] Helms B. Access for all: building inclusive financial systems [M]. World Bank Publications, 2006: 31.

[28] Nations Unies, United Nations Capital Development Fund. Building Inclusive Financial Sectors for Development [M]. New York: Nations Unies, 2006: 5.

[29] Berger. Futher Evidence on the Link between Finance and Growth: An International Analysis of Community Banking and Economic Performance [J], Journal of Financial Sevices Research, 2004.

[30] Berger, A. N., Scott, F. W. Small business credit scoringand credit availability [J]. Journal of Small Business Management, 2007, 45 (1): 5 – 22.

[31] Hoenig, Thomas M. Maintaining Stability in a Changing Financial System: Some Lessons Relearnd Again? [J]. Economic Review, 2008 (1): 5.

[32] Cetorelli N., Hirtle, B., Morgan, D. Peristiani,, S., Santos, J. Trends in Financial Market Concentration and Their Implications for Market Stability [J]. Federal Reserve Bank of New York Economic Policy Review, 2007 (13): 1 – 18.

[33] Bong – Soo Lee, Peng Jiangang, Li Guanzheng, He Jing. Regional Economic Disparity, Financial Disparity, and National Economic Growth: Evidence from China [J]. Journal of Review of Development Economics, 2012, 16 (2): 342 – 358.

[34] Peng Jiangang, He Jing, Li Zhangfei, Yi Yu, Groenewold Nicolaas. Regional finance and regional disparity in China [J]. Australian Economic Papers, 2010, 49 (4): 301 – 322.

[35] Johnson Christian, Rice Tara. Assessing a Decade of Interstate Bank Branching [J]. Washington and Lee Law Review, 2008 (65): 73 – 127.

[36] De Young, R. P. Driscoll and A. Fried. Corporate Governance at Community Banks: A Seventh District Analysis [R]. Federal Reserve Bank of Chicago, in Chicago Fed Letter. 2005.

[37] Myers, J., F. Padget. Corporate governance – where do tenth district community banks stand [J]. Financial Industry Perspectives, 2004 (4): 39 – 56.

[38] 毛一萍. 我国农村微型金融机构可持续发展研究 [D]. 中南大学,

2013．

　　［39］李剑．小额贷款公司改制为村镇银行要解决的问题［J］．财会月刊，2012（9）．

　　［40］焦瑾璞．微型金融学［M］．北京：中国金融出版社，2013．

　　［41］熊芳．微型金融机构使命漂移的文献综述［J］．金融发展研究，2011（7）．

　　［42］耿欣，冯波．小额贷款公司运营及其可持续发展研究——以山东小贷公司为例［J］．山东社会科学，2015（1）．

　　［43］中国小额信贷机构联席会．2013 年中国小额信贷机构竞争力发展报告［R］．北京：中国小微金融 60 人论坛第六次会议．

　　［44］中国人民银行课题组：中国农村金融服务报告（2014）［R］．北京：中国人民银行．

　　［45］刘冬，王志峰．国际商业银行从事微型金融的业务模式经验及启示［J］．武汉金融，2010（10）．

　　［46］李通逮．普惠金融理论文献研究［J］．武汉金融，2010（8）．

　　［47］周孟亮，李明贤．普惠金融视野下大型商业银行介入小额信贷的模式与机制［J］．改革，2011（4）．

　　［48］程恩江，刘西川．小额信贷缓解农户正规信贷配给了吗？——来自三个非政府小额信贷项目区的经验证据［J］．金融研究，2010（12）．

　　［49］张卫国，冉晖．中小企业团体贷款研究综述与分析［J］．经济学动态，2010（5）．

　　［50］弗雷德里克·S. 米什金．货币金融学（第九版）［M］．北京：中国人民大学出版社，2011．

　　［51］兹维·博迪，罗伯特·C. 默顿，戴维·L. 克利顿．金融学（第二版）［M］．北京：中国人民大学出版社，2010．

　　［52］阿芒达利兹，默多克．微型金融经济学［M］．沈阳：万卷出版公司，2013．

　　［53］王曙光．普惠金融——中国农村金融重建中的制度创新与法律框架［M］．北京：北京大学出版社，2013．

　　［54］黄晓红．隐性契约、声誉机制与农户借贷［M］．北京：经济科学出版社，2012．

　　［55］刘文璞．小额信贷管理［M］．北京：社会科学文献出版社，2011．

　　［56］中国扶贫基金会．小额信贷 2011 年度报告（上）［EB/OL］．中国

扶贫基金会，2012 - 04.

［57］中国扶贫基金会．小额信贷 2012 年度报告［EB/OL］．中国扶贫基金会，2013 - 04.

［58］方贤军，李权利，葛延青．商业银行小额贷款利率定价研究［J］．金融经济，2010（2）.

［59］张晓婧，叶蓁．开展微型金融业务的国际经验［J］．金融博览，2011（3）.

［60］杨先道．国际微型金融发展的经验及对中国的启示（下）［J］．国际金融，2013（4）.

［61］吕勇斌，杜臣．微型金融机构可持续发展能力的国际比较［J］．湖北经济学院学报，2014（5）.

［62］李磊等．中国微型金融发展的现状分析及国际成功案例对我国的借鉴［J］．时代金融，2014（1）.

［63］陈曦．微型金融机构信贷问题与对策研究［J］．经济研究导刊，2014（14）.

［64］曹俊勇，张乐柱．国际微型金融资金来源与信贷模式发展经验与借鉴［J］．亚太经济，2014（5）.

［65］石丹，程慧．政府支持农村微型金融的国际经验借鉴［J］．金融与经济，2014（4）.

［66］熊芳，马志峰．微型金融机构可持续发展的实证分析［J］．统计与决策，2014（1）.

［67］樊志刚．微型金融的大行实践［J］．中国金融，2014（3）.

［68］杨先道．微型金融的国际经验［J］．中国金融，2014（3）.

［69］侯文生．浅谈微型金融监管与服务体系建设——以河南省为例［J］．金融理论与实践，2014（7）.

［70］何卫东．浅议我国微型金融征信服务体系的建设［J］．中国商贸，2014（29）.

［71］雷曜，赵天奕．富国银行微型金融经营模式［J］．中国金融，2014（23）.

［72］杨志华．发展微型金融的 SWOT 分析——基于天津金融的视角［J］．东岳论丛，2015（1）.

［73］郑乔．印尼人民银行小额信贷的做法与启示［J］．农村金融研究，2010（5）.

［74］武琨. 对我国发展农村社区银行的思索［J］. 合作经济与科技，2014（1）.

［75］高述涛. 我国农村金融监管中存在的问题及监管体系创新［J］. 商业经济研究，2010（23）.

［76］王巍. 格莱珉银行的小额信贷模式及其对我国农村小额信贷发展的启示［J］. 征信，2014（8）.

［77］付祥凯，高越. 对中国农村小额信贷可持续发展的利率定价分析——以山东省桓台县为例［J］. 时代金融，2014（2）.

［78］郑晓云，刘丽. 小额贷款公司利率定价模型设计［J］. 财会月刊，2012 年 12 月中旬.

［79］博鳌观察，陆金所. 互联网金融报告，2014—2015.

［80］曹鹏. "直销银行"初探［J］. 知识经济，2014（4）.

［81］曹少雄. 商业银行建设互联网金融服务体系的思索与探讨［J］. 农村金融研究，2013（5）：54 – 58.

［82］曾建中，黄辉. 从美国社区银行的演变看我国城商行转型［J］. 金融经济，2014（5）：131 – 133.

［83］陈一洪. 社区银行建设的美国经验、国内现状与发展［J］. 武汉金融，2014（5）：49 – 52.

［84］陈志武. 互联网金融到底有多新［J］. 新金融，2014（4）：9 – 13.

［85］戴东红. 互联网金融与金融互联网的比较分析［J］. 时代金融，2014（2）：31 – 37.

［86］杜冰. 浙商银行首推 B2B 电子商务金融综合服务平台［EB/OL］. 金融时报，2014 – 03 – 17.

［87］范晓东. 互联网开启"大众金融"时代［J］. 互联网周刊，2012（20）：24 – 30.

［88］付刚. 华夏大盘悲情垫底基金 TOP10 剧烈洗牌［N］. 华夏时报，2014 – 07 – 05.

［89］高改芳. 中国平安社交金融"1333"战略亮相［EB/OL］. 中国证券报·中证网，2014 – 01 – 16.

［90］宫晓林. 互联网金融模式及对传统银行业的影响［J］. 金融实务，2013（5）：86 – 88.

［91］宫晓林. 互联网金融模式及对传统银行业的影响［J］. 南方金融，2013（5）.

［92］韩刚．德国"直销银行"发展状况的分析及启示［J］．新金融，2010（12）．

［93］何英亲．重庆银行直销银行来了［N］．重庆晚报，2014 – 07 – 25（A8）．

［94］洪娟．大数据环境下商业银行"小微贷"竞争策略研究［J］．南方金融，2014（3）．

［95］胡滨等．互联网金融：模式、风险与监管．中国金融监管报告（2015），北京：科学技术文献出版社，2015.

［96］贾甫，冯科．当金融互联网遇上互联网金融：替代还是融合［J］．上海金融，2014（2）．

［97］姜建清．互联网金融时代，传统银行不变革就被淘汰．2013 年 8 月 24 日亚布力中国企业家论坛夏季高峰会上的讲话。

［98］姜奇平．银行业的互联网进化路线图［J］．互联网周刊，2012（21）：34 – 39.

［99］姜业庆．联手 ING 北京银行"直销银行"开拔［N］．中国经济时报，2013 – 09 – 19（A8）．

［100］兰秋军．互联网金融数据抓取方法研究［J］．计算机工程与设计，2011，32（5）．

［101］李博，董亮．互联网金融的模式与发展［J］．中国金融，2013（10）：19 – 21.

［102］李东卫．互联网金融：国际经验、风险分析及监管［J］．长春市委党校学报，2014（6）：36 – 40. DOI：10. 3969/j. issn. 1674 – 5434. 2014. 06. 25.

［103］李杲．我国直销银行运营模式探索［J］．新金融，2014（7）：27 – 30.

［104］李静．支付宝移动支付每天超 2500 万笔［N］．经济参考报，2014 – 03 – 25（7）．

［105］李麟，冯军政，徐宝林．互联网金融：为商业银行发展带来"鲇鱼效应"［N］．上海证券报，2013 – 01 – 22.

［106］李怡然，王刚．商业银行风险偏好管理研究［J］．金融与经济，2012（12）：43 – 46.

［107］理财周刊．直销银行哪家更强，http：//news. 10jqka. com. cn/.

［108］梁丽雯．民营银行准生：5 家试点 4 种模式［J］．金融科技时代，

2014（4）：15－16.

[109] 刘健. 我国社区银行发展战略研究 [J]. 金融理论与实践，2013（10）.

[110] 马雷. 互联网金融风险分析及对策建议 [J]. 知识经济，2014（14）.

[111] 钱金叶，杨飞. 中国P2P网络借贷的发展现状及前景 [J]. 金融论坛，2012（1）：46－51.

[112] 邱峰. 互联网金融对商业银行的冲击和挑战分析 [J]. 吉林金融研究，2013（8）：44－50.

[113] 搜狐网. 华瑞银行拟注册资本35亿元，http：//stock. sohu. com/20141114/n406015729. shtml.

[114] 天弘增利宝货币基金. 2014年第四季度财务报告.

[115] 天津广播网. 天津首家民营银行——金城银行获得中国银监会批准筹建 [EB/OL]. http：//jingji. radiotj. com/s.

[116] 田溯宁. 点评："云计算"带来大变化 [J]. 新金融评论，2012（1）.

[117] 万建华. 点评：互联网金融模式创新与未来金融业变局 [J]. 新金融评，2012（1）.

[118] 万立猛. 浅谈互联网金融对商业银行的影响 [J]. 中国连锁，2013（8）：22－27.

[119] 王国刚. 从互联网金融看我国金融体系改革新趋势 [J]. 红旗文稿，2014（4）.

[120] 王奕. 互联网金融风险管理初探 [J]. 现代金融，2014（7）：45－46.

[121] 巫彬，宋鑫陶. "流程"银行 [J]. 商业周刊，2010（19）.

[122] 谢平，尹龙. 网络经济下的金融理论与金融治理 [J]. 经济研究，2001（4）.

[123] 谢平，邹传伟，刘海二. 互联网金融手册 [M]. 北京：中国人民大学出版社，2014.

[124] 谢平，邹传伟. 互联网金融模式研究 [J]. 金融研究，2012（12）：11－22.

[125] 谢清河. 我国互联网金融发展问题研究 [J]. 经济研究参考，2013（49）.

［126］杨绪忠，魏明珠，邹琳等．互联网金融崛起，银行业如何应对？
［EB/OL］．杭州：浙江在线（2013 - 11 - 30）．http：//nb. zjol. com. cn/sys-tem/2013/11/30/.

［127］尤瑞章，张晓霞. P2P 在线借贷的中外比较分析——兼论对我国的
启示［J］. 金融发展评论，2010（3）.

［128］袁峰．民生银行直销银行登场［N］. 信息时报，2014 - 02 - 28
（B8）.

［129］翟伟丽．大数据时代的金融体系重构与资本市场变革［J］. 决策
与信息旬刊，2014（2）.

［130］郑联盛．"中国互联网金融的发展趋势及其监管框架"，载张中华
主编：《2014 年中国金融发展报告》专题九，北京大学出版社，2014 年 9 月第
1 版。

［131］郑联盛等．互联网金融的现状、模式与风险：基于美国经验的分
析［J］. 金融市场研究，2014（2）.

［132］中国金融四十人论坛课题评审会暨第64 期"双周圆桌"内部讨论
会纪要．圆桌：互联网金融模式与未来金融业发展［J］. 新金融评论，2012
（1）.

［133］中国人民银行. 2014 年第三季度支付体系运行总体情况
［R］，2015.

［134］中国人民银行. 2014 年支付体系运行总体情况［R］，2015 -
02 - 12.

［135］中国网．深辨中国经济新常态之四——中国经济的"长尾"红利，
http：//www. gov. cn/xinwen/2014 - 09/.

［136］中国银行业监督管理委员会．温州民商银行成为首批银监会批筹
民营银行之一，http：//www. cbrc. gov. cn/jiangxi/l.

［137］李玉华．农村商业银行抵押权实现路径分析［J］. 商情，2011
（2）：71.

［138］赵庆国，张志鹏．寿光模式：县域金融体制改革的典范［J］. 金
融经济，2010（8）：44 - 46.

［139］杜晓山．小额信贷与普惠金融体系［J］. 中国金融，2010（10）：
14 - 15.

［140］郭兴平．基于电子化金融服务创新的普惠型农村金融体系重构研
究［J］. 财贸经济，2010（3）：13 - 19.

［141］焦瑾璞．构建普惠金融体系的重要性［J］．中国金融，2010（10）：12－13.

［142］吴晓灵．普惠金融是中国构建和谐社会的助推器［N］．金融时报，2010－06－21.

［143］郑乔．印尼人民银行小额信贷的做法与启示［J］．农村金融研究，2010（5）：76－78.

［144］本顿·E. R普，詹姆斯·W. 克拉里．商业银行业务——对风险的管理（第三版）［M］．康以同译．北京：中国金融出版社，2009.

［145］郭田勇等．商业银行中间业务产品定价研究［M］．北京：中国金融出版社，2010.

［146］李依凭．金融机构非中介化之反思［J］．山东大学学报：哲学社会科学版，2004（1）：86－89.

［147］林强．中美银行的较量——中美银行经营管理比较［M］．成都：西南财经大学出版社，2012.

［148］刘振盛．三家获20亿元额度，城商行探路信贷资产证券化［N］．21世纪经济报道，2013（1）．

［149］卢亮．城市商业银行船小好掉头，理财产品收益率5％以上［N］．南方都市报，2012－07－31（SA45）．

［150］皮埃尔－菲利普·库姆斯（法）等著．经济地理学：区域和国家一体化［M］．安虎森等译．北京：中国人民大学出版社，2011.

［151］宋旺，钟正生．理解金融脱媒：基于金融中介理论的诠释［J］．上海金融，2010（6）：12－17.

［152］宋旺，钟正生．我国金融脱媒对货币政策传导机制的影响：1978—2007［J］．经济学家，2010（2）：80－89.

［153］宋旺，钟正生．中国金融脱媒度量及国际比较［J］．当代经济科学，2010（3）：26－37.

［154］孙从海．城市商业银行理财：市场结构与展业策略——基于银行理财产品数据的实证分析［J］．金融与经济，2012（2）：36－39.

［155］中国银行业监督管理委员会．中国银行业监督管理委员会2011年报，2012.

［156］庄硫敏．商业银行业务与经营［M］．北京：中国人民大学出版社，2010.

［157］阳海燕．欠发达地区农村金融体系转型研究［M］．北京：中国农

业出版社，2010．

[158] 白钦先，马东海，刘刚．中国中小商业银行发展模式研究［M］．北京：中国金融出版社，2010．

[159] 陈雨露，马勇．中国农村金融论纲［M］．北京：中国金融出版社，2010．

[160] 赵亮．县域银行业监管体系优化研究［J］．改革与战略，2012（1）．

[161] 赵亮．我国县域银行业对国民经济增长贡献度的比较研究［J］．武汉金融，2012（2）．

[162] 何广文．中国农村金融供求特征及均衡供求的路径选择［J］．中国农村经济，2010（10）．

[163] 丁武民．乡村发展过程中的金融支持研究［D］．青岛：中国海洋大学博士论文，2010．

[164] 沈杰，马九杰．我国新型农村金融机构发展状况调查［J］．经济纵横，2010（6）．

[165] 张淑芳．浅析我国发展社区银行的思路与对策［J］．商业现代化，2010（5）．

[166] 姚朝霞．小微企业融资视角下我国社区型银行构建研究［D］．山西财经大学，2014．

[167] 任露．我国社区型银行发展的路径研究［D］．云南财经大学，2014．

[168] 衣长军．从金融共生理论看我国金融生态环境和谐发展［J］．商业时代，2008（8）．

[169] 闫海洲，张明坤．金融包容性发展与包容性金融体系的构建［J］．南方金融，2012（3）．

[170] 殷孟波，翁舟杰．关系型贷款和小银行优势论述评［J］．财贸经济，2007（6）．

[171] 刘菁．中美社区型银行定位与商业模式的比较研究［D］．上海交通大学，2014．

[172] 吕晔．我国农村微型金融发展研究［D］．中共中央党校，2015．

[173]《中国金融年鉴》（2014 年）．

[174] 赵革．中国社区型银行的制度分析［D］．天津财经大学，2008．

[175] 江苏省银行业协会课题组．利率市场化对中小银行的影响［J］．

中国流通经济，2014（3）.

[176] 孙宗宽. 中国中小商业银行发展战略研究 [D]. 西北农林科技大学，2013.

[177] 张瑞. 村镇银行公司治理法律问题研究 [D]. 首都经济贸易大学，2013.

[178] 高勇. 关于我国村镇银行培育与发展问题之研究 [D]. 西南财经大学，2007.

[179] 林菲. 我国地方中小银行业机构的公司治理研究 [D]. 湖南大学，2007.

[180] 赫国胜，李超. 我国村镇银行的特色化发展路径探讨 [J]. 广西大学学报，2015（5）.

[181] 欧阳卫民. 打通农村金融服务"最后一公里" [N]. 金融时报，2015 - 01 - 26.

[182] 李可佳. 村镇银行差异化监管制度研究 [D]. 西南财经大学，2014.

[183] 王涛. 我国村镇银行发展模式研究 [D]. 厦门大学，2007.